教科書ガイド

啓林館 版

ビジョン・クエスト English Logic and Expression Ⅲ

TEXT BOOK GUIDE

文研出版

はしがき

本書は，啓林館が発行する高等学校の論理・表現Ⅲの教科書「Vision Quest English Logic and Expression Ⅲ」に準拠した教科書解説書として編集されたものです。教科書の内容がスムーズに理解できるよう工夫されています。予習や復習，試験前の学習にお役立てください。

本書の構成

INPUT	
教科書本文	各 Lesson の本文と，本文の要約を掲載。英文・日本語訳にはそれぞれ対応した通し番号「①②③…」を明記。
語句と語法のガイド	教科書に出てくる単語・熟語を，教科書の出現順に掲載。 使用する記号：名 名詞　代 代名詞　形 形容詞 副 副詞　動 動詞　助 助動詞 前 前置詞　接 接続詞　熟 熟語 間 間投詞　表 表現
本文内容チェック	本文掲載範囲の簡単な要約を掲載。
解説	各文の解説。

OUTPUT	
！ヒント	各 Lesson の STEP1 ～ 3 の活動で，正解に至るまでの丁寧なヒントを掲載。

Expressing
各 Lesson の STEP2，STEP3 の活動で参考になる表現を解説。

補充問題
各 Lesson 範囲の学習事項に関する問題を出題。

Activate
英作文のヒントになる語句や例文を掲載。

＊本書では，教科書の問題の解答をそのまま提示しておりません。

Contents

Lesson 1 Friendship and improvement

INPUT

要約

あなたはスクールカウンセラーのグリーン先生で，アメリカで新生活を始めた２人の生徒からメールを受け取った。日本人は彼女たちだけで，それぞれ問題を抱えているようだ。

教科書本文

A Yumi's problem

①Dear Ms. Green, /
グリーン先生へ /

I'm writing this email / to ask for some advice. // ②I had always wanted to
私はこのメールを書いている / 助言をもとめるために // 私はずっと留学したいと思って

study abroad / to improve my English skills. // ③Though I didn't know Kana /
いた / 私の英語力を向上させるために // 私はカナを知らなかったが /

before coming here, / she soon became a good friend. // ④One day, / she asked
ここに来る前に / 彼女はすぐに仲のよい友だちになった // ある日 / 彼女は私に頼

me / to have a review session / after class / in Japanese / so that we could better
んだ / 復習セッションをするように / 授業後に / 日本語で / 私たちがより理解できる

understand / what we had learned. // ⑤It's true that / the session was beneficial
ように / 私たちが学んだことを // それは確かである / セッションは私にとって有益

to me / as well, / but I've realized that / we're using Japanese / more than
だった / もまた / しかし私は気づいた / 私たちは日本語を使っている / 必要以上に

necessary. // ⑥Gradually / she started talking to me / only in Japanese / even
// だんだんと / 彼女は私に話し始めた / 日本語だけで /

outside the review session. // ⑦I don't think it's good / to use a lot of Japanese /
復習セッション以外でさえ // 私はよくないと思う / たくさんの日本語を使うことは /

and am trying to talk to her / only in English / even when she talks in Japanese. //
そして彼女に話そうとしている / 英語だけで / 彼女が日本語で話すときでさえ //

⑧I'd like to stop the review session / but am worrying / whether she'll hate me /
私は復習セッションをやめたいと思う / しかし心配している / 彼女が私を嫌うかどうか /

if I tell my true feelings. // ⑨What should I do? //
もし私が本当の気持ちを言えば // 私はどうしたらよいか //

⑩Yours faithfully, /
敬具 /

Yumi Suzuki //
スズキユミ //

語句と語法のガイド

skill [skɪl]	名 技術，腕前 ▶ skillful 形 熟練した
review [rɪvjúː]	名 復習，見直し ▶ 動 (～を)復習する

session [séʃən]	名 セッション，会合，集会，そのための時間
beneficial [bènɪfíʃəl]	形 有益な，役に立つ ▶ benefit 名 恩恵，利益
as well	熟 ～もまた
realize [ríːəlàɪz]	動 ～だと気づく，～を認識する
gradually [grǽdʒuəli]	副 だんだんと，しだいに ▶ gradual 形 徐々の
Yours faithfully	熟 敬具 ▶ faithfully 副 忠実に

本文内容チェック

ユミはアドバイスを求めてグリーン先生にメールを書いている。彼女は友だちのカナと一緒に，復習セッションを始めた。それは確かに有益だが，必要以上に日本語を使っていることに気づいた。さらに，カナはセッション以外でも日本語で話してくるようになった。復習セッションをやめたいと思っているが，本音を言うと嫌われないか心配している。

解説

① **Dear Ms. Green, I'm writing this email to ask for some advice.**
Dear は「親愛なる，～様」という意味で，手紙や E メールの書き出しで用いられる。
to ask は目的を表す不定詞の副詞的用法。ask for ～は「～を求める」という意味。

② **I had always wanted to study abroad to improve my English skills.**
had wanted は過去完了形。ここでは継続を表す。
to improve は目的を表す不定詞の副詞的用法。improve は「～を向上させる」という意味。

③ **Though I didn't know Kana before coming here, she soon became a good friend.**
though は「～だけれども」という譲歩の意味を表す接続詞。同義語は although。
前置詞 before の後の coming は動名詞。

④ **One day, she asked me to have a review session after class in Japanese so that we could better understand what we had learned.**
〈ask + O + to *do*〉は「O に～するように頼む」という意味。
〈so that + S + can + V ～〉は「S が V できるように」という意味で，目的を表す。
understand の目的語は what 以下。what は関係代名詞。

⑤ **It's true that the session was beneficial to me as well, but I've realized that we're using Japanese more than necessary.**
It's true that ～ , but .... は「確かに～であるが，…。」という意味。
as well は「～もまた」という意味。同義語は too。
more than necessary は「必要以上に」という意味。

⑦ **I don't think it's good to use a lot of Japanese and am trying to talk to her only in English even when she talks in Japanese.**
I don't think (that) ～ . は「～ではないと思う。」という意味。
it は形式主語で，to use ... が真主語。

⑧ **I'd like to stop the review session but am worrying whether she'll hate me if I tell my true feelings.**
am worrying の目的語は，whether 以下の間接疑問文。whether は「～かどうか」という意味。

B Kana's problem

⑪Dear Ms. Green, /
グリーン先生へ /

I'd like you to give me some advice / about my problem. // ⑫Before deciding to come here, / I felt like / I never achieved much. // ⑬I had wanted to change myself / and became interested / in studying English in the U.S. // ⑭Then I made the biggest decision / of my life: / to study in the U.S. // ⑮Though living and studying here was much more difficult / than I had expected, / I made a good friend, Yumi. // ⑯Thanks to her support, / I managed to keep studying. // ⑰Without her, / I would have quit / and gone back to Japan. //
私はあなたにいくつかの助言をしてほしいと思っている / 私の問題について // ここに来ることを決める前に / 私はそのように感じた / 私は決して多くのことを成し遂げなかった // 私は自分自身を変えたいと思っていた / そして興味を持った / アメリカで英語を勉強することに // そして私は最も大きな決断をした / 私の人生で / アメリカで勉強するという // ここで暮らして勉強することはずっと大変だったが / 私が思っていたよりも / 私はユミというよい友だちができた // 彼女の支援のおかげで / 私はなんとか勉強し続けた // 彼女なしでは / 私はやめただろう / そして日本に帰っただろう //

⑱These days, / I feel that / she has become more and more distant from me / and think / it's probably / because I talk to her / only in Japanese. // ⑲However, / for me, / being able to talk with someone in Japanese / is really important, / and I want to keep a good relationship with her. // ⑳I don't know what to do. //
最近 / 私は感じる / 彼女がだんだんと私から離れていっている / そして思う / それはたぶん / 私が彼女に話すから / 日本語だけで // しかし / 私にとって / 誰かと日本語で話ができることは / 本当に大切である / そして私は彼女とよい関係を保ちたい // 私はどうしたらよいのかわからない //

㉑Yours sincerely, /
敬具 /

Kana Sato //
サトウカナ //

語句と語法のガイド

achieve [ətʃíːv]	動 ～を成し遂げる ▶ achievement 名 達成
become interested in *doing*	熟 ～することに興味を持つ
thanks to ～	熟 ～のおかげで
manage to *do*	熟 なんとか～する ▶ manage [mǽnɪdʒ]
keep *doing*	熟 ～し続ける
quit [kwɪt]	動 やめる ▶ quit − quit − quit
distant [dístənt]	形 遠い，離れて ▶ distance 名 距離
relationship [rɪléɪʃənʃɪ̀p]	名 関係，間柄 ▶ relate 動 ～を関係させる
Yours sincerely	熟 敬具 ▶ sincerely 副 心から，誠意を持って

本文内容チェック

カナはアドバイスを求めてグリーン先生にメールを書いている。彼女は自分自身を変えたいと思い，アメリカに留学するという決断をした。友だちのユミが最近，自分からどんどん離れていっているように感じている。カナは，その理由を自分が日本語でしか話していないからだと思っている。ユミとこれからもよい関係でいたいと思っているが，どうしたらよいのかわからない。

解説

⑪ **Dear Ms. Green, I'd like you to give me some advice about my problem.**

〈would like + O + to *do*〉は「O に～してほしいと思う」という意味。

give me some advice ... は VOO の文型。

⑫ **Before deciding to come here, I felt like I never achieved much.**

前置詞 before の後の deciding は動名詞。

decide to *do* は「～する決心をする」という意味。

〈feel like + S + V ～〉は「～のように感じる」という意味。

⑭ **Then I made the biggest decision of my life: to study in the U.S.**

make a decision は「決断をする」という意味。the biggest は最上級。

コロン(:)は，ここでは「すなわち」という意味。

to study は不定詞の名詞的用法。

⑮ **Though living and studying here was much more difficult than I had expected, I made a good friend, Yumi.**

living と studying は動名詞。

much は比較級 more difficult を強めている。

than I had expected は「私が思っていたよりも」という意味。had expected は過去完了形。

a good friend と Yumi は同格の関係。

⑰ **Without her, I would have quit and gone back to Japan.**

仮定法過去完了の文。

Without her は「彼女がいなかったならば」という意味で，条件を表している。

quit と gone は過去分詞。

⑱ **These days, I feel that she has become more and more distant from me and think it's probably because I talk to her only in Japanese.**

more and more は形容詞・副詞を修飾して，「だんだん，ますます」という意味。

become distant from ～は「～から離れる」という意味。

think の後に接続詞 that が省略されている。

it's because ～は「それは～だからである」という意味。

⑲ **However, for me, being able to talk with someone in Japanese is really important, and I want to keep a good relationship with her.**

前半部分の主語は，being able to talk with someone in Japanese。being は動名詞。

keep a good relationship with ～は「～とよい関係を保つ」という意味。

⑳ **I don't know what to do.**

what to *do* は「何を～したらよいか」という意味。

OUTPUT

STEP 1

INPUT で述べられているそれぞれの生徒に対する適切な描写を選びなさい。描写がユミに対するものなら(　)に “Yumi” と，カナに対するものなら “Kana” と書きなさい。

(！ヒント)

1. 友だちが日本語だけで私に話し始めたので，私は必要以上に日本語をたくさん使っている。 → p. 4⑤⑥
2. 私は日本人の友だちに授業後，復習セッションをしてくれるように頼んだ。→ p. 4④
3. 私の最も大きな決断は，自分自身を向上させるために海外で勉強することだった。 → p. 6⑬⑭
4. 私は自分の英語力を向上させるために海外で勉強したいとずっと思っていた。 → p. 4②
5. 友だちの支援がなければ，私はアメリカで暮らし続けることができると感じることはなかっただろう。 → p. 6⑯⑰
6. 私は，もし復習セッションをやめたいと言ったら，友だちが自分を嫌うだろうかと思っている。 → p. 4⑧

語句と語法のガイド

continue *doing* 熟 ～し続ける

dislike [dɪsláɪk] 動 ～を嫌う

STEP 2

さて，あなたならそれぞれの生徒に対してどのような種類のアドバイスを与えるか考えなさい。ペアやグループで，ユミとカナの両方の問題に対する解決策についてのあなたの考えを話しなさい。必要ならば，メモを取りなさい。

(！ヒント)

・ユミとカナに対して，次の質問についての自分の考えを書く。
・アドバイスをするときは，You should ～「～するべき」や You shouldn't ～「～するべきではない」などを使って書く。

ユミに対して

a. あなたはユミにどんなアドバイスを送りますか。
b. あなたのアドバイスの理由はどのようなものですか。どうするべきか例を挙げなさい。

カナに対して

c. あなたはカナにどんなアドバイスを送りますか。
d. あなたのアドバイスの理由はどのようなものですか。どうするべきか例を挙げなさい。

(解答例)

To Yumi(ユミへ)

a. I would tell Yumi, “You should think of yourself first and shouldn't worry too much about whether Kana likes you.”(私はユミに「あなたはまず自分自身のことを考えるべきで，カナがあなたを好きかどうか心配しすぎるべきではありません」と言うだろう。)
b. A true friend will understand and want to support a friend in need even if

you tell your own feelings and that's not actually good for your friend.(もしあなたの気持ちを伝え，それが友だちにとっては実際はよいことではなくても，本当の友だちなら理解してくれ，困っている友だちをサポートしたいと思うだろう。)

To Kana(カナへ)

c. I would tell Kana, "You should try to use as much English as possible."(私はカナに「あなたはできるだけたくさん英語を使うように努力するべきです」と言うだろう。)

d. As long as you continue to use more Japanese than necessary, you will make it harder for yourself to progress.(必要以上にたくさんの日本語を使い続ける限り，あなたは自分自身が進歩することをより難しくするだろう。)

STEP 3

ユミかカナのどちらか1人の生徒を選びなさい。問題を解決するために彼女に対するあなた自身のアドバイスを書きなさい。100語程度の1パラグラフを書きなさい。

!ヒント

・まず最初に自分の考えを述べる。I think (that) ～.「私は～だと思う。」や，If I were you, I would try to ～.「もし私があなたなら，～しようとするだろう。」などの表現を使う。

・次に，First「第1に」，Second「第2に」などを使い，自分の考えに対する理由や詳細などを述べる。

・最後に結論を述べる。So you should ～.「だからあなたは～するべきである。」などの表現を使う。

・Why don't you ～?「～してはどうですか。」，It is important to *do*.「～することが大切である。」，How about *doing*?「～してはどうですか。」などといった表現を使うとよい。

語句と語法のガイド

worry about ～ 熟 ～を心配する

issue [íʃuː] 名 問題

support [səpɔ́ːrt] 動 ～を支援する

(be) in need 熟 困っている

even if ～ 熟 たとえ～でも

actually [ǽktʃuəli] 副 実際に

friendship [fréndʃìp] 名 友情

rule [ruːl] 名 規則

as ～ as possible[S can] 熟 (…が)できるだけ～

as long as ～ 熟 ～する限り

continue to *do* 熟 ～し続ける

make it ～ for ... to *do* 熟 …が―することを～(の状態)にする

progress [prɑ́(ː)grəs] 動 進歩する

have trouble *doing* 熟 ～するのに苦労する

serious [síəriəs] 形 重大な

communicate [kəmjúːnɪkèɪt] 動 コミュニケーションをとる

Expressing advice

1. **If I were you, I would** tell her my honest feelings.
(もし私があなたなら，彼女に私の正直な気持ちを伝えるだろう。)
仮定法過去の文。「もし(今)～ならば，…だろうに」と仮定して現在の事実と違うことを表す場合，現実の時制より1つ過去にずらした過去形が使われる。If I were you「もし私があなたなら」は，相手と同じ立場である場合を想像して，アドバイスするときによく使われる。
「もし私があなたなら，～しただろうに。」と，過去のことに関するアドバイスをするときには，主節部分で〈S + would [could, might] have ＋過去分詞 ....〉を用いればよい。
⇨ **If I were you, I would** have done it in a different way.
(もし私があなたなら，違った方法でそれをしただろう。)

2. **Why don't you** ask for the teacher's help**?**
(先生の助けを求めてはどうですか。)
Why don't you ～？は「～してはどうですか。」という意味。

3. **How about** asking her to express her opinion**?**
(彼女に自分の意見を述べるように頼んではどうですか。)
How about *do*ing? は「～してはどうですか。」という意味。
➡ **Why don't you** ask her to express her opinion**?**

4. **I think that you should** think of yourself first rather than others.
(私はあなたは他の人たちよりまず自分自身のことを考えるべきだと思う。)
直接的な表現 You should ～.「あなたは～すべきである。」よりも，I think that you should ～.「私はあなたが～するべきだと思う。」の方が，間接的で丁寧な印象を与える。

5. **It would be better to** talk openly with her.
(彼女と率直に話をした方がよいだろう。)
It は形式主語で，to 以下が真主語。仮定法過去の文。仮定法を使うことで，より婉曲的で丁寧な表現になっている。
➡ **It would be better** if you talked openly with her.
You had better ～. は「～した方がよい。」と訳すことが多いが，威圧的な印象を相手に与えるため，使うのには注意が必要。

補充問題

1 日本語に合うように，(　)内の語句を並べ替えなさい。

1. 彼は試合に勝てるように一生懸命に練習した。
He practiced hard (he / so / win / could / that / the game).
He practiced hard ______________________________.
2. 数学のテストは私が思っていたよりもずっと簡単だった。
The math test was (I / easier / had / than / expected / much).
The math test was ______________________________.
3. 彼女のアドバイスがなかったならば，彼らは事業で成功しなかっただろう。
Without her advice, they (in / not / succeeded / would / have / their business).
Without her advice, they ______________________________.
4. 私はあなたは自分自身の間違いを認めるべきだと思う。
I think (you / admit / mistake / that / should / your own).
I think ______________________________.

2 次の日本語を，(　)内の指示に従って英文に直しなさい。

1. もし私があなたなら，彼のアドバイスに従うだろう。(If から始めて)
____
____
2. 彼女にあなたが思っていることを話してはどうか。(Why から始めて)
____
____
3. あなたの英語力を向上させるためにオーストラリアに行ってはどうか。(How から始めて)
____
____
4. 彼女の申し出を受けた方がよいだろう。(It から始めて)
____
____

3 オンライン授業に集中できなくて困っている友だちに対して，あなた自身のアドバイスを 100 語程度で書きなさい。

____
____
____
____

Lesson 2 Which is better, a paper or an electronic dictionary?

INPUT

要約

あなたは，初級言語学習者は紙の辞書を使うべきか，それとも電子辞書を使うべきかについてプレゼンテーションをする予定である。その準備として，書店の販売員の話を聞いている。

教科書本文

Memo

①Advantages / 利点 / of each type of それぞれの種類の dictionary // 辞書の //	②Paper 紙の辞書 dictionaries // //	●③We can (1)________ words / and 私たちは単語を(1)___できる / write down notes directly on the page. // そしてページ上に直接メモを書き留める // ④This process helps you / learn vocabulary この過程はあなたを助ける / より深く語彙を more deeply. // 学ぶことを // ●⑤They are less expensive. // それらはより安価である // ●⑥We can see the information / about a 私たちは情報を見ることができる / 1つの word immediately / without 単語に関してすぐに / (2)________ down the screen. // スクリーンを下に(2)___なしに //
	⑦Electronic 電子辞書 dictionaries // //	●⑧They contain several dictionaries, / それらはいくつかの辞書を含む / and we can (3)________ / multiple そして私たちは(3)___できる / dictionaries relatively easily. // 複数の辞書を比較的簡単に // ●⑨They are not heavy / and are easy to それらは重くない / そして(4)___ (4)________ . // するのが簡単である // ●⑩Users can listen to pronunciation. // 使用者は発音を聞くことができる //

語句と語法のガイド

advantage [ədvǽntɪdʒ]	名 利点，長所 ▶ disadvantage 名 不利な点
directly [dəréktli]	副 直接に ▶ direct 形 直接の
vocabulary [voʊkǽbjʊlèri]	名 語彙(ある言語を構成する単語の総体)
information [ìnfərméɪʃən]	名 情報 ▶不可算名詞
immediately [ɪmí:diətli]	副 すぐに，即座に ▶ immediate 形 即座の
electronic [ɪlèktrά(:)nɪk]	形 電子の，電子式の
contain [kəntéɪn]	動 ～を含む，～を入れている
multiple [mʌ́ltɪpl]	形 複数の，多数の
relatively [rélətɪvli]	副 比較的，相対的に ▶ relative 形 相対的な

本文内容チェック

紙の辞書と電子辞書どちらにも利点がある。紙の辞書には，ページ上で直接メモを書き留めることができる，より安価である，などの利点がある。一方，電子辞書には，複数の辞書を含む，重くない，発音を聞くことができる，といった利点がある。

解説

③ **We can (1)____ words and write down notes directly on the page.**

can は助動詞なので，後に動詞の原形が続く。

write down ～は「～を書き留める」，note は「メモ，覚え書き」という意味。

④ **This process helps you learn vocabulary more deeply.**

This process「この過程」は③で述べられていることを指す。

〈help ＋ O ＋動詞の原形〉は「O が～するのを助ける」という意味。

deeply は「深く」という意味の副詞。more deeply は比較級。

⑤ **They are less expensive.**

They は paper dictionaries を指す。

〈less ＋原級〉は，一方が他方よりも程度が低いことを表す場合に用いて，「～より…でない」の意味を表す。

⑥ **We can see the information about a word immediately without (2)____ down the screen.**

without は「～なしで」という意味の前置詞なので，後に(動)名詞が続く。

screen は「スクリーン，画面」という意味で，ここでは電子辞書の画面のこと。

⑧ **They contain several dictionaries, and we can (3)____ multiple dictionaries relatively easily.**

They は electronic dictionaries を指す。

several は通例 3 から 6 程度の数量を表し，可算名詞だけに用いられる。

⑨ **They are not heavy and are easy to (4)____.**

They は electronic dictionaries を指す。

〈be ＋難易度を表す形容詞など＋ to *do*〉で「～するには…である」という意味を表す。

easy，difficult，hard，dangerous などの形容詞が使われる。

⑪Advice / about using dictionaries //
アドバイス / 辞書の使用についての //

●⑫Check / what kind of information is contained / in the dictionary. //
確認しなさい / どのような種類の情報が含まれているか / 辞書に //

→⑬Both types of dictionaries have: /
両方の種類の辞書は持つ /

・⑭the meaning and (5)______________ / of a word //
意味と(5)___を / 単語の //

・⑮(6)______________ sentences //
(6)___な文 //

・⑯common phrases / using the word //
一般的なフレーズ / その単語を使っている //

→⑰Some dictionaries contain: /
いくつかの辞書は含む /

・⑱information / about the (7)______________ of a word //
情報 / 単語の(7)___に関する //

・⑲some interesting information / about the usage of a word //
いくつかの興味深い情報 / 単語の用法に関する //

●⑳Beginning language learners / might feel satisfied / only with the meaning of a word, / but it's important to read the other information / mentioned above. //
初級言語学習者は / 満足するかもしれない / 単語の意味だけで / しかしその他の情報を読むことが大切である / 上で述べられた //

語句と語法のガイド

check [tʃek]	動 ～を確認する
meaning [míːnɪŋ]	名 意味 ▶ mean 動 ～を意味する
sentence [séntəns]	名 文
common [kɑ́(ː)mən]	形 一般的な，広く知られた
phrase [freɪz]	名 フレーズ，成句，言い回し
usage [júːsɪdʒ]	名 用法，語法 ▶ use 動 ～を使う
beginning [bɪgínɪŋ]	名 初級の，初歩の ▶ 名詞の前で形容詞的に使う
learner [lə́ːrnər]	名 学習者 ▶ learn 動 ～を学習する
(be) satisfied with ～	熟 ～に満足している ▶ satisfy 動 ～を満足させる
mention [ménʃən]	動 ～に言及する，～にふれる
above [əbʌ́v]	副 上で〔に〕 ▶ below 副 下で〔に〕

本文内容チェック

辞書の使い方のアドバイスとしては，どのような情報が入っているのかを確認することである。紙の辞書も電子辞書も，意味やその単語を使ったフレーズが掲載されている。また，用法に関する興味深い情報が掲載されている辞書もある。初級学習者は，単語の意味だけで満足してしまうかもしれないが，他の情報も読むことが大切である。

解説

⑪ **Advice about using dictionaries**

前置詞 about の後の using は動名詞。

⑫ **Check what kind of information is contained in the dictionary.**

check の目的語は what 以下で，間接疑問文。

間接疑問文の主語は what kind of information。is contained は受動態。

⑬ **Both types of dictionaries have:**

both は「両方の」という意味の形容詞。複数の名詞の前に置く。

コロン(:)の後に，辞書に入っているものが箇条書きで示されている。

⑯ **common phrases using the word**

using the word は common phrases を後ろから修飾している。現在分詞の形容詞的用法。

⑰ **Some dictionaries contain:**

some は「いくつかの」という意味の形容詞。主語のとき，「中には～もある[いる]」のように訳すと日本語らしくなる。

コロン(:)の後に，辞書に掲載されているものが箇条書きで示されている。

⑳ **Beginning language learners might feel satisfied only with the meaning of a word, but it's important to read the other information mentioned above.**

might は「～かもしれない」という意味の助動詞。may よりもやや可能性が低い推量を表す。may の過去形であるが，過去のことを表しているわけではないことに注意。

〈feel + C〉は「～のように感じる」という意味。

satisfied は「満足した」という意味の分詞形容詞(現在分詞や過去分詞が形容詞化したもの)。satisfying − satisfied，interesting − interested，exciting − excited など，セットで覚えるとよい。

〈It is ～ to *do*.〉は「…するのは～である。」という意味。It は形式主語で，真主語は to *do*。ここでは，to read the other information mentioned above が真主語。

other は「他の」という意味の形容詞。

mentioned above は the other information を後ろから修飾している。過去分詞の形容詞的用法。

OUTPUT

STEP 1

それぞれの種類の辞書の長所と短所を分類しなさい。

！ヒント

1. 私たちはより容易に2つ以上の辞書から定義を見ることができる。 →p. 12⑧
2. 画面上の限られたスペースのために，役立つ情報の全てをすぐに見ることは難しいかもしれない。 →p. 12⑥
3. 私たちはページ上で直接いくつかの単語に色をつけたりメモをしたりできる。 →p. 12③
4. 私たちは容易にいくつかの辞書で単語の定義を相互参照することができない。→p. 12⑧
5. それらは軽いので，私たちは容易に持ち運ぶことができる。 →p. 12⑨
6. 単語を見つけた後に，私たちはその単語について全ての情報をより速くチェックすることができる。 →p. 12⑥

語句と語法のガイド

definition [dèfəníʃən]	名 定義
more than ～	熟 ～より多い
useful [jú:sfəl]	形 役立つ
because of ～	熟 ～のために
limited [límətɪd]	形 限られた
space [speɪs]	名 スペース
highlight [háɪlàɪt]	動 ～に色をつける
take notes	熟 メモをする
cross-reference [krɔ̀(:)sréfərəns]	動 ～を相互参照する

STEP 2

あなたは，初級言語学習者は，紙の辞書か電子辞書，どちらの種類の辞書を使うべきかについてのあなたの考えを要約している。ペアやグループで，あなたの考えを話しなさい。必要ならば，メモを取りなさい。

！ヒント

・初級言語学習者は，紙の辞書か電子辞書，どちらの種類の辞書を使うべきかに対して，次の質問についての自分の考えを書く。
・初級言語学習者にアドバイスをするときは，They should ～.「～するべき。」や They shouldn't ～.「～するべきではない。」などを使って書く。

a. 初心者はどちらの種類の辞書を使うべきですか。
b. よい点の1例は何ですか。
c. なぜそれはよいのですか。
d. よい点のもう1つの例は何ですか。
e. なぜそれはよいのですか。

解答例

a. They should use paper dictionaries.(彼らは紙の辞書を使うべきである。)

b. Paper dictionaries are not as expensive as electronic ones.
(紙の辞書は電子辞書ほど高くない。)

c. After using the first paper dictionary for a while, beginners can buy a new dictionary which is better for them.(最初の紙の辞書をしばらく使ったあと，初心者は自分により合った新しい辞書を買うことができる。)

d. Beginners can see more information about all the words which they are looking up.(初心者は調べている全ての単語に関するより多くの情報を見ることができる。)

e. It is more convenient for beginners to see a lot of information on one page of the dictionary.
(初心者にとって辞書の1ページでたくさんの情報を見るのはより便利である。)

STEP 3

初級言語学習者はどちらの種類の辞書を使うべきかについてのプレゼンテーションのために，あなたは草案を作成している。100語程度の1パラグラフを書きなさい。

！ヒント

・まず最初に自分の考えを述べる。(I think that) Beginning language learners should use ～.「初級言語学習者は～を使うべきだ(と私は思う)。」などのあとに，紙の辞書か電子辞書か，どちらを使うべきかを述べる。

・次に，First「第1に」，Second「第2に」などを使って，自分の選んだ種類の辞書の長所と，その理由や詳細などを述べる。

・最後に自分の考えをもう1度述べる。冒頭の文をそのままではなく，できれば強化するように言い換えるとよい。教科書 p. 70の作文例では，Although electronic dictionaries are more expensive, and students cannot take notes on the page directly, ～.「電子辞書はより高くて生徒はページに直接メモができないが，～。」と不利な点を認めながらも，「上で述べた2つの利点が初心者にはより重要である」と自分の考えを述べている。

語句と語法のガイド

beginner [bɪɡínər]	名 初心者
have a need to *do*	熟 ～する必要がある
look up ～	熟 〔辞書などで〕～を調べる
everywhere [évri*h*wèər]	副 あらゆるところへ
convenient [kənví:niənt]	形 便利な
a single	熟 たった1つの～
device [dɪváɪs]	名 装置
as ～ as possible	熟 できるだけ～
ideal [aɪdí:əl]	形 理想的な

Expressing concession

1. **Although** scrolling down all the time can be a bit annoying, electronic dictionaries have many advantages.
(いつも下にスクロールすることは少しいらいらさせるが，電子辞書には多くの利点がある。)
although は「～だけれども，～にもかかわらず」と譲歩を表す接続詞。although は though よりかたい表現である。

2. **It is true that** one electronic dictionary contains several dictionaries, **but** the users might not always compare all or even several of the definitions.
(確かに 1 つの電子辞書はいくつかの辞書を含んでいるが，使用者は定義の全てまたはいくつかでさえ必ずしも比較しないかもしれない。)
It is true that ～ , but .... で「確かに[なるほど]～だが，…。」という意味を表す。It is true that ～ . は「～ということは本当である。」という意味。It は形式主語で，that 以下を指す。

3. **No matter how** useful paper dictionaries are, learners might not use them as often, because it is annoying to have to carry a heavy dictionary around.
(紙の辞書がどんなに役に立っても，重い辞書を持ち歩かなければならないことはいらいらさせるので，学習者はそれほど頻繁に使わないかもしれない。)
〈No matter how ＋形容詞[副詞] ＋ S ＋ V〉で「S がどんなに V しても」という意味を表す。No matter how ～は However ～の形で書き換えられる。
➡ **However** useful paper dictionaries are, learners might not use them as often, because it is annoying to have to carry a heavy dictionary around.

4. **In spite of** the many advantages of electronic dictionaries, some people are still using paper dictionaries.
(電子辞書の多くの利点にもかかわらず，中にはまだ紙の辞書を使っている人もいる。)
in spite of ～は「～にもかかわらず」という意味。2 つ以上の語が 1 つのまとまりとなり前置詞の働きをするものを群前置詞という。

5. **Even if** beginners use an electronic dictionary, it is not a problem at all if they know how to use it well.
(たとえ初心者が電子辞書を使ったとしても，もし使い方をよく知っていれば全く問題ではない。)
even if ～は「たとえ～でも」という意味。even if のあとには不確定なことが続き，even though のあとには事実であることが続く。

補充問題

1 各組の英文がほぼ同じ意味になるように，下線部に適切な語を補いなさい。

1. This dictionary is not as useful as that one.
   This dictionary ____________ ____________ ____________ than that one.
2. It is easy to read this English novel.
   This English novel is ____________ ____________ ____________.
3. In spite of his poverty, he is happy.
   ____________ ____________ ____________ poor, he is happy.
4. However hard you try, you can't finish it in a day.
   ____________ ____________ ____________ hard you try, you can't finish it in a day.

2 次の日本語を，（　）内の指示に従って英文に直しなさい。

1. 1日に30分歩くことはあなたが健康を維持することを助けるだろう。（A thirty-minuteから始め，helpを使って）

   ____

   ____
2. 確かにあなたの計画はよいが，それを実行することは難しいかもしれない。（Itから始め，trueを使って）

   ____

   ____
3. 彼は病気にもかかわらず会議に出席した。（spiteを使って）

   ____

   ____
4. たとえ大雨が降ったとしても，彼女は買い物に行くだろう。（Evenから始めて）

   ____

   ____

3 あなたは紙の本と電子書籍のどちらが好きですか。理由とともに100語程度の英文を書きなさい。

____

____

____

____

Activate Paragraph Writing (1)

Situation

要約

ソーシャルメディアのサイトで日本語の学び方について尋ねている交換留学生の投稿を見つけ，返信しようとしている。

チャンは台湾人で日本に留学しようと考えている。日本人の友だちを作ったり，人と話したりできるように事前に日本語を学びたいと思い，アドバイスを求めている。

Practice

あなた自身の考えでチャンに返信しなさい。2つのパラグラフを100語程度で書きなさい。

主題文 I think ____________ is a good way to learn Japanese.
(～は日本語を学ぶよい方法だと思う。)

!ヒント

- 主題文の下線部分に入れる語句は，Idea Box を参考にしてもよい。
- パラグラフを2つ書く必要があるので，第1パラグラフを「主題文→支持文①＋詳細」，第2パラグラフを「支持文②＋詳細」，または第1パラグラフを「主題文→支持文」，第2パラグラフを「詳細→結論文」のように構成する。
- できることは，You can ～.「～することができる。」などを使う。
- 具体例を挙げるときは, For example「たとえば」や such as ～「～のような」などを使う。
- 詳細を述べるときは，It is important[good] to ～.「～することは大切[よい]です。」などを使う。
- 理由を述べるときは because ～「～なので」や so「だから」などを使う。
- 結論を述べるときは For these reasons「これらの理由により」，That's why ～.「だから～。」などを使う。
- 第1パラグラフを「主題文→支持文①＋詳細」，第2パラグラフを「支持文②＋詳細」として2つのパラグラフを構成する場合, 第2パラグラフの初めに In addition「その上」や Additionally「それに加えて」などを使う。
- 短文ばかりを続けるのではなく，従属接続詞 when「～するときに」，if「もし～するなら」や等位接続詞 or「または～」を使って，一文を長くすることで，パラグラフにメリハリをつけることができる。
- Some ～, and others ...「～もあれば，…もある」という相関表現を使って，あるものの種類を具体的に表す。

Idea Box

・studying abroad(留学すること)
・using a paper dictionary(紙の辞書を使うこと)
・using an electronic dictionary(電子辞書を使うこと)
・reading Japanese novels / magazines(日本の小説[雑誌]を読むこと)
・watching Japanese movies / TV dramas(日本の映画[テレビドラマ]を見ること)
・browsing Japanese websites(日本のウェブサイトを見ること)
・communicating with foreign friends
(外国人の友だちとコミュニケーションを取ること)
・using a grammar book(文法書を使うこと)
・memorizing words and phrases(単語や表現を覚えること)
・answering a lot of questions in textbooks(教科書のたくさんの質問に答えること)
・taking Japanese qualification tests(日本語の資格試験を受けること)
・listening to Japanese radio(日本のラジオを聞くこと)

解答例

・I think memorizing words and phrases is a good way to learn Japanese.
(単語や表現を覚えることは日本語を学ぶよい方法だと思う。)
・You can communicate with people even if you say just a word.
(たとえ一言であってもコミュニケーションを取ることができる。)
・For example, if you say “Help”, people will understand you need help.
(たとえば,「助けて」と言えば,人々はあなたが助けを必要としていることが分かるだろう。)
・It’s important to know a lot of words or phrases because vocabulary will help you understand better.
(語彙はあなたがよりよく理解するのに役立つので,単語や表現をたくさん知っていることは大切だ。)
・Additionally, you can improve your Japanese by browsing Japanese websites.
(それに加えて,日本語のウェブサイトを閲覧することで日本語を上達させることができる。)
・You will find many kinds of websites written in Japanese.
(多くの種類の日本語で書かれたウェブサイトが見つかるだろう。)
・Some of them may be about politics in Japan, and others could be about famous Japanese athletes. (日本の政治についてのものもあれば,日本の有名なアスリートに関するものもあるかもしれない。)
・If you are not interested in politics, you don’t have to pick it up.
(政治に興味がなければ,それを選ぶ必要はない。)
・Just by browsing what you like, your Japanese will improve because you won’t get tired of studying. (勉強するのに飽きないだろうから,自分の好きなものを閲覧するだけで日本語が上達するだろう。)

Lesson 3 Can you change your personality?

INPUT

要約

『トリシアに聞こう』は新聞で人気のあるアドバイス・コラムである。トリシアはティーンエイジャーからの質問に答えてくれる。あなたはコラムを読んで，彼女に自分の性格についての返事を送るつもりだ。

教科書本文

Advice Column

①*Ask Tricia: / Can I change my personality? //*
トリシアに聞こう / 自分の性格を変えることはできますか。 //

②Dear Tricia, /
トリシアさんへ /

When I was little, / I often lost my temper. // ③Now, I'm 16 years old, / and I'm
私が小さかったとき / 私はしばしば短気を起こした // 今，私は16歳である / そして

still a hot-tempered person. // ④When things don't go my way, / I get angry
私は今でも短気な人間である // 物事が自分の思う通りにいかないとき / 私はすぐ腹を

easily. // ⑤Does this mean that / my personality will not change / over my
立てる // これは意味していますか / 私の性格は変わらないだろう / 生涯に

lifetime? // ⑥I wish I could keep my cool / in emotionally-charged situations. //
わたり // 私は冷静でいられるとよいのに / 感情の高ぶった状況で //

⑦Kumi //
クミ //

語句と語法のガイド

column [kɑ́(:)ləm]	名 コラム，～欄
personality [pə̀:rsənǽləti]	名 性格，人格 ▶ personal 形 個人の
temper [témpər]	名 冷静，平常心 ▶ -tempered ～の気質の
easily [í:zɪli]	副 すぐに，容易に ▶ easy 形 容易な
lifetime [láɪftàɪm]	名 一生，生涯
emotionally [ɪmóʊʃənəli]	副 感情的に ▶ emotional 形 感情的な
charged [tʃɑ:rdʒd]	形 〈雰囲気・事態が〉熱気を帯びた，興奮気味の ▶ 通例副詞の後で
situation [sìtʃuéɪʃən]	名 状況

本文内容チェック

クミはアドバイスを求めて手紙を書いている。クミは小さい頃から，短気な性格のままである。彼女はトリシアに，自分の性格は一生変わらないのかどうか尋ねている。感情の高ぶった状況において冷静でいたいと思っている。

解説

② **Dear Tricia, When I was little, I often lost my temper.**

when は「〜するとき」という意味の接続詞。

lose *one's* temper は「急に腹を立てる，かっとする」という意味。

③ **Now, I'm 16 years old, and I'm still a hot-tempered person.**

now は，過去と比較して，「今は」という意味の副詞。

still は「まだ，今でも」という意味の副詞。

hot-tempered は「短気な」という意味の形容詞。-tempered は「〜の気質の」という意味で，形容詞を伴って複合語をつくる。(例) good-tempered (気立てのよい), short-tempered (短気な)

④ **When things don't go my way, I get angry easily.**

things は「物事，事柄，事態，事情」という意味。

go *one's* way は「〈出来事が〉〜の都合のいいようになる」という意味。

〈get ＋形容詞〉は「〜になる」という意味。

⑤ **Does this mean that my personality will not change over my lifetime?**

this は，幼いころから現在にいたるまで短気な性格であることを指す。

that は「〜ということ」という意味の接続詞。

over は「〜の間中(ずっと)」という意味の前置詞。

⑥ **I wish I could keep my cool in emotionally-charged situations.**

wish の後に仮定法過去の(助)動詞を続けて，「(今)〜であればよいのに」という現在の事実に反する願望を表す。

keep *one's* cool は「冷静でいる，平常心を保つ」という意味。ここで，cool は「平静さ，落ち着き」という意味の名詞。

charged は，通例，副詞の後で，「〈雰囲気・事態が〉熱気を帯びた，興奮気味の」という意味。

⑧Dear Kumi, /
クミさんへ /

⑨Thanks for your letter. // ⑩The desire to change one's personality / is not
お手紙ありがとうございます // 自分の性格を変えたいという願望は / 珍しく

uncommon. // ⑪You wonder if it is possible to change your personality, / or if our
はない // あなたはあなたの性格を変えることが可能であるかどうかと思う / または私た

basic personality patterns are fixed throughout life. //
ちの基本的な性格パターンが生涯を通じて固定されているかどうかと //

⑫To understand / whether personality can be changed, / we must first
理解するために / 性格は変えられるかどうか / 私たちはまず理解し

understand / what exactly causes people / to have distinct personalities. //
なければならない / まさに何が人々にさせるのか / 独特な性格を持つように //

⑬In the past, / philosophers discussed / which shapes personality: / our genetics /
かつて / 哲学者たちは議論した / どちらが性格を形成するのか / 私たちの遺伝 /

or our environment, / which includes / our upbringing and our experiences. //
または私たちの環境 / それは含む / 私たちの養育や経験を //

⑭Today, / however, / most thinkers would agree that / it is a mixture of the two
現在 / しかし / ほとんどの思想家は同意するだろう / 2つの要因が合わさったもので

factors, / nature and nurture, / that ultimately shapes our personalities. //
あると / 生まれと育ち / 最終的に私たちの性格を形成するのは //

⑮Moreover, / the constant interaction / between genetics and the environment /
さらに / 絶え間ない相互作用 / 遺伝と環境の間の /

can help shape / how personality is expressed. // ⑯For example, / you might be
形成するのに役立ちうる / どのように性格が表されるのか // 例えば / あなたは遺伝子的

genetically friendly, / but working in a high-stress environment might lead you /
に友好的であるかもしれない / しかしストレスの多い環境で働くことはあなたを導くかもしれない /

to be more short-tempered / than you might be in a different setting. //
より短気になるように / 異なる環境にいる場合よりも //

⑰Change occurs gradually / rather than all at once. // ⑱I think / if you believe
変化はだんだんと起こる / 突然よりもむしろ // 私は思う / もしあなたが

you can change, / then you can change certain aspects / of your personality / in the
変われると信じれば / そうならばあなたはある側面を変えることができる / 性格の / 将来

future. //
//

⑲Tricia //
トリシア //

▶⑳Tricia is happy / to receive your comments, / questions and experiences. //
トリシアはうれしい / あなたのコメントを受け取ることを / 質問や経験談 //

㉑Send a letter / to asktricia@advicecolumnpaper.com //
手紙を送ってください/ asktricia@advicecolumnpaper.com に //

語句と語法のガイド

uncommon [ʌnkɑ́(ː)mən]	形 まれな ▶ common 形 ありふれた
distinct [dɪstíŋkt]	形 別個の，独特な ▶ distinguish 動 ～を区別する
philosopher [fəlɑ́(ː)səfər]	名 哲学者 ▶ philosophy 名 哲学
genetics [dʒənétɪks]	名 遺伝学，遺伝的特徴 ▶ gene 名 遺伝子
upbringing [ʌ́pbrɪŋɪŋ]	名 教育，養育 ▶ bring up ～ 熟 ～を育てる
nurture [nə́ːrtʃər]	名 養育，教育
ultimately [ʌ́ltɪmətli]	副 最終的に ▶ ultimate 形 究極の
all at once	熟 突然に

本文内容チェック

トリシアはクミにアドバイスを書いている。彼女は，最終的に性格を形成するのは生まれと育ちの２つの要因が合わさったものであり，遺伝と環境の相互作用は性格の表れ方を形成するのに役立つことがある，と言う。トリシアは最後に，自分が変われると信じれば，将来，自分の性格のある側面を変えることができる，と述べている。

解説

⑪ **You wonder if it is possible to change your personality, or if our basic ....**

〈wonder if ～ , or if ...〉で「～かどうか，また…かどうかと思う」という意味。

〈It is ～ to *do*.〉は「…するのは～である。」という意味。It は形式主語で，真主語は to *do*。

⑫ **To understand whether personality can be changed, we must first understand what exactly causes people to have distinct personalities.**

to understand は不定詞の副詞的用法(目的)。

〈cause + O + to *do*〉は「O に～させる」という意味。

⑬ **In the past, philosophers discussed which shapes personality: our genetics or our environment, which includes our upbringing and our experiences.**

コロン(:)は，ここでは「すなわち」という意味。

which は関係代名詞の非限定用法。先行詞は our environment。

⑭ **Today, however, most thinkers would agree that it is a mixture of the two factors, nature and nurture, that ultimately shapes our personalities.**

〈It is ～ that ....〉は強調構文で，「…なのは～だ。」という意味を表す。

⑮ **... can help shape how personality is expressed.**

〈help ＋動詞の原形〉は「～するのを助ける，役立つ」という意味。

⑯ **..., but working in a high-stress environment might lead you to be more short-tempered than you might be in a different setting.**

working in a high-stress environment が主語。working は動名詞。

〈lead + O + to *do*〉は「O が～するように導く」という意味。

OUTPUT

STEP 1

下の図は性格を形成する要素を示している。**INPUT** の情報を使って，空所を埋めなさい。

（！ヒント）

性格

(1)＿＿＿＿＿＿＿＿(生まれ)→ p. 24⑭

(2)＿＿＿＿＿＿＿＿(育ち)→ p. 24⑭

(1)と(2)の間の絶え間ない相互作用→ p. 24⑮

STEP 2

ペアやグループで，あなた自身の性格について話しなさい。必要であればメモを取りなさい。

（！ヒント）

・①a. かつての性格について過去形で述べる。
　b. 現在の性格について現在形で述べる。

・②a. ～ has changed my character and made me ....「～が私の性格を変えて，私を…した。」といった表現が使える。／ still(今でも)などを使って述べる。
　b. まず，Yes か No で答える。Yes の場合，何が人の性格特性を変えうるのかについて述べるとよい。environment(環境)や nurture(育ち)がキーワード。No の場合，genetics(遺伝)や nature(生まれ)がキーワードとなるだろう。

personality traits(性格特性)
friendly(友好的な), easy-going(のんびりした), harmonious(友好的な), sincere(正直な), honest(正直な), highly organized(非常にてきぱきした), precise(正確な), independent(独立した), ambitious(野心的な), goal-oriented(目標志向の), curious(好奇心の強い), creative(創造的な), unpredictable(変わりやすい), calm(冷静な), rational(合理的な), realistic(現実的な), loyal(義理がたい), optimistic(楽観的な), pessimistic(悲観的な), anxious(不安な), introverted(内向的な), extroverted(外向的な)

①a. 小さいとき，あなたはどんな種類の性格特性を持っていましたか。
　b. 現在，あなたはどんな種類の性格特性を持っていますか。

②a. なぜあなたの特性は変わったと思いますか。／あなたはなぜ今でもそれらの特性を持っていると思いますか。
　b. あなたは人の性格は生涯を通じて変わることがありうると思いますか。

解答例

①a. I was shy when I was little.
(小さいとき，私は内気だった。)

b. I'm a very active person now.
(私は現在，とても積極的な人間である。)

②a. I think my traits have changed by taking group lessons at an English conversation school. It has made me more of an active person.
(英会話学校でグループレッスンを受けたことで私の特性が変わったと思う。そのことがむしろ私を積極的な人間にした。)

b. Yes, I think it is strongly influenced by his or her environment.
(はい，私はそれは人の環境によって大きく影響されると思う。)

STEP 3

トリシアへの手紙として，あなたの性格が小さいときとどのように異なっているのか，またなぜそうだと思うのかについて書きなさい。少なくとも 1 つのパラグラフで 100 語程度で書きなさい。

！ヒント

・手紙なので，Dear Tricia, で始め，自分の名前を最後に書く。
・まず，「あなたの性格が小さいときとどのように異なっているのか」について述べる。when I was little「私が小さかったとき」などを使い，かつての性格について過去形で述べる。次に，now「現在では」などを使い，かつてと異なる現在の性格について現在形で述べる。
・次に，「なぜそうだと思うのか」について，経験などを含めて詳細を述べる。また，締めくくりとして，Based on my experience, I feel that ～.「私の経験に基づいて，私は～だと思う。」といった表現を使って，人の性格特性は生涯を通じて変わることがありうることを述べることもできる。
・2 つの点について書くので，2 つのパラグラフにするとよい。

Expressing relationships

1. Personality **is related to** many different aspects of our lives.
(性格は私たちの生活の多くのいろいろな側面と関係がある。)
be related to ～で「～と関係がある，～に関連している」という意味を表す。relate は「～を関係させる」という意味の動詞。名詞形は relation，relationship(関係)。

2. Some studies found **a link between** personality **and** poor sleep as a child.
(いくつかの研究が性格と子どもの頃の睡眠不足の間の関連性を見つけた。)
a link between A and B は「A と B の間の関連性」という意味。ここで, link は「関連(性)，つながり」という意味の名詞。動詞として「～をつなぐ」などの意味がある。

3. It is said that **there is a relationship between** personality **and** helpful behavior.
(性格と親切行動との間に関係があると言われている。)
There is a relationship between A and B. で「A と B の間に関係[関連]がある。」という意味を表す。
It is said that ～. は「～と言われている。」という意味。
➡ They say that **there is a relationship between** personality **and** helpful behavior.

4. Some people believe that personality **influences** health.
(中には性格は健康に影響を与えると信じている人もいる。)
influence は「～に影響を与える」という意味の動詞。名詞として「影響」などの意味がある。
⇨ Teenagers **are** easily **influenced** by their surroundings.
(ティーンエイジャーは環境に影響されやすい。)

5. Few people claim to believe that blood types **determine** personality traits.
(血液型が性格特性を決定すると信じていると主張する人はほとんどいない。)
determine は「～を決定する，～を左右する」という意味の動詞。
few は，数が「ほとんど～ない」という意味を表し，可算名詞とともに〈few ＋複数名詞〉の形で使われる。

補充問題

1 日本語に合うように，( )内の語句を並べ替えなさい。

1. あなたの健康を決定するのは食べ物である。
   (that / what / is / determines / it / you eat) your health.
   ______________________________ your health.
2. この番組はあなたのリスニング力を向上する助けとなる。
   This (helps / your / listening / improve / skills / program).
   This ______________________________.
3. 彼女は食事と心臓病の関係性についてレポートを書いた。
   She wrote (between / and / about / diet / a link / a report) heart disease.
   She wrote ______________________________ heart disease.
4. 彼の最新の映画は他の映画監督の影響を受けている。
   (is / by / latest / his / movie / influenced) other movie directors.
   ______________________________ other movie directors.

2 次の日本語を，( )内の指示に従って英文に直しなさい。

1. どんな状況でも積極的に行動できるとよいのに。(仮定法を使って)
   ____
   ____
2. あなたはなぜ考えを変えたのですか。(What から始めて)
   ____
   ____
3. あなたは運動不足は肥満に関係があると思いますか。(related を使って)
   ____
   ____
4. 需要と供給の間には密接な関係がある。(relationship を使って)
   ____
   ____

3 あなたの習慣について，継続したいと思っていることや変えたいと思っていることはありますか。理由を含め，あなたの考えを 100 語程度の英文で書きなさい。

____
____
____
____
____

Lesson 4 How do we make decisions?

INPUT

要約

あなたは心理学の授業を受けている。２つの異なった決断スタイルに関する講義を聞く予定である。

教科書本文

Two decision-making styles

①Maximizers // 最大化タイプ //	⑦Satisficers // 満足タイプ //
②Spend a lot of time / and effort / to 多くの時間を費やす / および労力 / 最 find the best option // 良の選択肢を見つけるために //	⑧Accept "good enough" options // 「十分によい」選択肢を受け入れる //
③(1)______ every option // あらゆる選択肢を(1)___ //	⑨(3)______ looking at options / 選択肢を見ることを(3)___ / once they have found one / that meets いったんものを見つけると / 彼らのニー their needs // ズに合う //
④Worry that / something else / may 心配する / 他のものは / より have been a better choice // よい選択だったかもしれないと //	⑩(4)______ with their choice / 彼らの選択に(4)___ / even if / it is not the best // たとえしても/ それが最良ではない //
⑤Feel depressed / and 落ち込む / (2)______ their decisions // そして自分の決断に(2)___ //	⑪Do not necessarily achieve the best 必ずしも最良の結果を出すとは限らない outcome // //
↓ ⑥Good for (5)______ choices // (5)___な選択にとってよい //	↓ ⑫Good for (6)______ choices // (6)___な選択にとってよい //

語句と語法のガイド

decision-making [dɪsíʒən méɪkɪŋ] 名 決断 ▶ make a decision 熟 決断する

maximizer [mǽksɪmàɪzər] 名 最大化タイプ ▶ maximize 動 ～を最大にする

effort [éfərt]	名 努力，労力
option [á(:)pʃən]	名 選択(肢) ▶ optional 形 任意の
choice [tʃɔɪs]	名 選択 ▶ choose 動 ～を選ぶ
depressed [dɪprést]	形 気落ちした ▶ depress 動 ～を気落ちさせる
satisficer [sǽtɪsfàɪsər]	名 満足タイプ ▶ satisfice 動 最低限度の条件を満たす
accept [əksépt]	動 ～を受け入れる
needs [ni:dz]	名 必要なもの，ニーズ
necessarily [nèsəsérəli]	副 必ずしも ▶ not necessarily 熟 必ずしも～でない
achieve [ətʃí:v]	動 ～を得る，～を生み出す
outcome [áʊtkʌ̀m]	名 結果

本文内容チェック

決断スタイルには「最大化タイプ」と「満足タイプ」の２つがある。「最大化タイプ」は，最良の決断をするために多くの時間と労力を費やす。一方,「満足タイプ」は,簡単に満足し,十分な選択肢を受け入れる。重要な選択では，「最大化タイプ」の方がよく，重要でない選択では，「満足タイプ」が一般的にうまくいく。

解説

② **Spend a lot of time and effort to find the best option**

spend の目的語は a lot of time and effort。

to find は不定詞の副詞的用法。

④ **Worry that something else may have been a better choice**

worry that ～は「～と心配する」という意味。

〈may have ＋過去分詞〉は「～した[～だった]かもしれない」という意味で，過去の事柄に対する現在の推量を表す。

⑨ **(3)____ looking at options once they have found one that meets their needs**

once は「いったん～すると，～するとすぐに」という意味の接続詞。

one は「〈不特定の〉1 つ[1 人]」という意味で，前に出てきた名詞の繰り返しを避けるために使われる。ここでは，an option の代わり。

that は主格の関係代名詞。先行詞は one。

⑩ **(4)____ with their choice even if it is not the best**

even if は「たとえ～でも」という意味。

it は their choice を指す。

best は「最良のもの」という意味の名詞。

⑪ **Do not necessarily achieve the best outcome**

not necessarily は「必ずしも～でない」という意味で，部分否定を表す。

⑬I can't avoid feeling the need / to look at every option / when I buy a new
私は必要性を感じることを避けられない / あらゆる選択肢を見る / 新しいスマートフォンを

smartphone. //
買うときに //

⑭(7) maximizer / satisficer //
最大化タイプ / 満足タイプ //

⑮At restaurants, / I almost never look at the entire menu. //
レストランで / 私はメニュー全部を見ることはほとんどない //

⑯(8) maximizer / satisficer //
最大化タイプ / 満足タイプ //

語句と語法のガイド

avoid [əvɔ́ɪd]	動 ～を避ける
need [niːd]	名 必要，必要性 ▶動 ～を必要とする
smartphone [smɑ́ːrtfòʊn]	名 スマートフォン
restaurant [réstərənt]	名 レストラン
entire [ɪntáɪər]	形 全体の，全部の
menu [ménjuː]	名 メニュー

本文内容チェック

もし「新しいスマートフォンを買うとき，あらゆる選択肢を見る必要があると感じてしまう」と言うなら，あなたは「最大化タイプ」である。もし「レストランではメニュー全部を見ることはほとんどない」と言うなら，あなたは「満足タイプ」である。

解説

⑬ **I can't avoid feeling the need to look at every option when I buy a new smartphone.**

avoid *do*ing は「〜することを避ける」という意味。

the need to *do* で「〜する必要性」という意味を表す。to *do* は不定詞の形容詞的用法。

every は「あらゆる」という意味で，名詞の単数形につく。

when は「〜するとき」という意味の接続詞。

⑮ **At restaurants, I almost never look at the entire menu.**

almost は「ほとんど」という意味の副詞。

entire は「全体の，全部の」という意味の形容詞。

OUTPUT

STEP 1

1. それぞれの決断に対して，あなたならどちらの決断スタイルを取るか。答えを丸で囲みなさい。

1. 週末に何の映画を見るか決めること
2. レストランで昼食に何を食べるか決めること
3. テニスのレッスンを受け続けるかどうか決めること
4. 夏にどこに旅行するか決めること
5. あなたの心配事について友だちに話すかどうか決めること

2. あなたはどちらの決断スタイルに最も自分を重ね合わせますか。

→ p. 30⑥，⑫，p. 32⑬～⑯

STEP 2

あなたは，重大な決断をした経験をクラスメイトと共有する予定である。ペアやグループで話しなさい。必要ならば，メモを取りなさい。

（！ヒント）

・①a. 自分がした重大な決断について述べる。I had to decide ～.「私は～を決断しなければならなかった。」や，My important decision was ～.「私の重大な決断は～だった。」などの表現が使える。

b. あなたがいつその決断をしたのか述べる。

・②a. I considered many factors and I decided to ～, because I wanted to ....「私は多くの要素を考えて，～することを決めた。私は…したかったからだ。」などの表現が使える。

b. まず，Yes か No で答える。Yes の場合，現状について述べるとよい。No の場合は，その理由を述べるとよい。

①a. あなたがした重大な決断は何ですか。

b. あなたはいつその決断をしましたか。

②a. あなたはどのようにその決断をしましたか。

b. あなたは正しい決断をしたと思っていますか。

（解答例）

①a. I had to decide which club to join just after I entered junior high school.
（私は中学に入学した直後，どのクラブに入るか決断しなければならなかった。）

b. I made the decision when I was a first-year student in junior high.
（私が中学 1 年生のときに，その決断をした。）

②a. After I took some advice from my friends, I considered many factors and I decided to join the rugby team, because I wanted to try something I had never done.
（友だちからのアドバイスをいくつか受けた後，私は多くの要素をよく考えて，ラグビーチームに入ることを決めた。私はそれまでしたことのなかったことに挑戦したかったからだ。）

b. Yes, I enjoy practicing with my teammates.
(はい，私はチームメイトと練習することを楽しんでいる。)

STEP 3

あなたは自分がした重大な決断についてのレポートを提出する予定である。いつ，どのようにあなたがその決断をしたのか，また，その結果はどうだったのか，レポートの中に含めなさい。少なくとも 1 つのパラグラフで 100 語程度で書きなさい。

！ヒント

・まず，「いつあなたがその決断をしたのか」について，I made one of the most important decisions of my life when I was ～.「～だったときに，私は人生の最も重大な決断の 1 つをした。」などと述べる。また，この前後で，決断の内容について書く。
・次に，「どのようにあなたがその決断をしたのか」について述べる。My parents suggested that ～.「私の両親は～とすすめた。」などといった外的な要因を述べてもよい。また，I considered not only ～, but also ....「私は～だけでなく…についてもよく考えた。」などと決断にいたる過程を述べ，最終的な決断の理由を添えるとよい。
・最後に，「その結果はどうだったのか」について述べる。I'm sure I made the right decision.「私は正しい決断をしたと確信している。」などと述べた上で，現状についても触れると，まとまりのある文章になる。

>>> Expressing bases for decisions <<<

1. How you make decisions **depends on** your decision-making style.
(あなたがどのように決断するかは決断スタイル次第である。)
depend on ～で「～次第である，～による」という意味を表す。depend は通例，進行形にしない。on の後に wh- 節がくることもある。
⇨ Everything **depends on** whether you pass the exam or not.
(全てはあなたが試験に受かるかどうかにかかっている。)

2. You should choose your hairstyle **according to** your face shape.
(あなたは自分の顔の形に応じて髪型を選ぶべきだ。)
according to ～は「～に応じて, ～次第で」という意味。また, according to ～には「～によれば」という意味があり，この意味では文頭・文尾どちらでも使われる。

3. I decide what to read **based on** my instincts.
(私は直感に基づいて何を読むべきか決める。)
based on ～は「～に基づいて」という意味。base は「～の基礎を置く」という意味の動詞で，名詞として「基礎，根拠」などの意味がある。be based on ～で「～に基づいている」という意味を表す。
⇨ Her theory **is based on** a lot of facts.
(彼女の理論は多くの事実に基づいている。)

4. **Judging from** my own experience, a person's personality continues to develop.
(私自身の経験から判断すると，人の性格は発達し続ける。)
judging from ～は「～から判断すると」という意味。
judging from ～は慣用的な独立分詞構文で，他にも，generally speaking(一般的に言えば)，talking of ～(～と言えば)，taking ～ into consideration(～を考慮に入れると)などがある。
➡ **To judge from** my own experience, a person's personality continues to develop.

5. We shouldn't judge people **on the basis of** our first impressions.
(私たちは第一印象に基づいて人を判断すべきではない。)
on the basis of ～で「～に基づいて」という意味を表す。basis は「根拠」という意味の名詞。
⇨ Discrimination **on the basis of** gender, age, or race is against the law.
(性別，年齢，人種に基づいた差別は法律に反する。)

補充問題

1 日本語に合うように，(　)内の語句を並べ替えなさい。

1. この本は私がこれまで読んだ中で最もおもしろいものである。
This book is (I / that / have / one / interesting / the most) read so far.
This book is ______________________________ read so far.

2. 中には授業の質はクラス規模によると言う人がいる。
Some people say (on / of / depends / teaching / the quality / class size).
Some people say ______________________________.

3. あなたには自分がした仕事量に応じて支払われるだろう。
You will be paid (to / of / work / according / you do / the amount).
You will be paid ______________________________.

4. 私たちは議論に基づいてそれを決めるつもりである。
We're going to (on / our / that / based / discussions / decide).
We're going to ______________________________.

2 次の日本語を，(　)内の語を使って英文に直しなさい。

1. 彼は若かったとき，有名な歌手だったかもしれない。(may)

____

____

2. 苦い薬が必ずしも効くとは限らない。(necessarily)

____

____

3. 空の様子から判断すると，明日は雨が降るだろう。(judging)

____

____

4. 誤った情報に基づいて彼らの決定はしばしばなされた。(basis)

____

____

3 あなたは，旅行に行く際に事前に計画を立てるかどうかについての作文を書いています。事前に計画を立てる，立てない理由を作文に含め，100 語程度の英文で書きなさい。

____

____

____

____

____

Activate Speech (1)

Situation

要約

英語の授業で，先生があなたのクラスに「自分はどんな人か」というタイトルで課題を出した。友だちと一緒に準備をしている。

「自分はどんな人か」というタイトルでスピーチをするために，次の項目を含むメモを書きなさい。

1. 自分が思う自分像
2. なぜそう思うのか，理由を述べる
3. 自分を変えるつもりでいるか

Practice

パートナーについてスピーチをしなさい。パートナーはどんな人だと思うか。

主題文 I think they are ＿＿＿＿＿＿＿.（彼らは～だと思う。）

！ヒント

- 主題文の下線部分に入れる語句は，Idea Box を参考にしてもよい。
- 第1パラグラフでパートナーがどんな人物かを主題文を用いて説明し，第2パラグラフでパートナーと経験したエピソードを述べる。第3パラグラフでは，結論としてスピーチをまとめながら，パートナーがどういう人物かについてもう一度表現を変えながら説明する。
- 第1パラグラフで主題文を述べる前に，Everybody in this class may think that ～.「このクラスの皆さんは～だと思うかもしれない。」や，主題文の直後に Everybody here might think the same way.「ここにいる皆さんも同じように思うかもしれない。」などの表現を用いることで，聞き手を主題文に集中させる。
- 第1パラグラフで主題文を述べる際に，In contrast to me, ～「私とは対照的に，～」と述べると，自分とパートナーとの関係がより明確に表現できる。
- 第1パラグラフで主題文を述べた後に，第2パラグラフへの繋ぎとして Let me tell you a story that happened ～.「～に起こった話を聞いてください。」や You might be surprised to hear this story.「この話を聞くと驚くかもしれない。」などを用いる。
- 第2パラグラフの冒頭で The other day, they and I went to ～.「先日，彼ら[彼女たち]と私で～に行った。」や Last Sunday, I planned to go to ... with them.「先週の日曜日に彼ら[彼女たち]と…に行く計画をしていた。」などの表現を用いて，エピソードの日時と大きなテーマを伝えると，聞き手の頭が整理されやすい。
- 第3パラグラフの冒頭で，Since then, I came to like them more.「その時以来，彼ら[彼女たち]をより好きになった。」や Thanks to this experience, we have become closer.「この経験のおかげで，私たちはより親密になった。」のように述べることで，第2パラグラフで述べたエピソードのまとめをすることができる。

Idea Box

・friendly（フレンドリー）
・optimistic / pessimistic（楽観的 / 悲観的）
・introverted / extroverted（内向的 / 外向的）
・maximizer / satisficer
（最大化タイプ（物事を最大限に活用できる人）/ 満足タイプ（目的を達成するために必要最低限を満たす手順を決定し実行できる人））
・Everybody here might think the same way.
（ここにいる皆さんも同じように思うかもしれない。）
・You might be surprised to hear this story.（この話を聞くと驚くかもしれない。）
・The other day, they and I went to ～ .（先日，彼ら[彼女たち]と私で～に行った。）
・Since then, I came to like them more.
（その時以来，彼ら[彼女たち]をより好きになった。）

解答例

・In contrast to me, I think he is optimistic.
（私とは対照的に，彼は楽観的だと思う。）
・Actually, I believe she is an extroverted person.
（実際は，彼女は外向的な人物だと私は思う。）
・Everybody here might think the same way, but actually he is a person who carries out the minimum effort to achieve a goal.
（ここにいる皆さんも同じように思うかもしれないが，実際に彼は目的を達成するために必要最低限を満たす手順を決定し実行できる人である。）
・Everybody in this class may think that she is a little shy. However, I think she is rather extroverted.
（このクラスの皆さんは彼女が少しシャイだと思うかもしれない。しかし，むしろ彼女は外向的だと私は思う。）
・Let me tell you a story about something that happened last week in a shopping mall.
（先週ショッピングモールで起こった話をさせてください。）
・The other day, she and I went downtown to buy presents for Mother's Day.
（先日，彼女と私は繁華街に母の日のプレゼントを買いに行った。）
・Last Saturday, I planned to see a film with him.
（先週の土曜日，彼と映画を見に行く予定だった。）

Lesson 5 Online doctor consultations

INPUT

要約

あなたはインターネットで見つけたオンラインクリニックのウェブサイトを見ています。オンラインでの医師の診察と直接の医師による診察の利点を比較しようとしています。

教科書本文

Sunshine Health Clinic

①Welcome to Online Doctor Consultation //
オンラインの医師による診察へようこそ //

②Doctors // 医師 // ③Consult // 診療してもらう // ④Online // オンラインで //	⑤Pharmacy // 調剤 // ⑥Medicine & other products // 薬と他の製品 //	⑦Login // ログイン //

⑧Why Sunshine Health Clinic //
なぜサンシャインヘルスクリニックなのか //

●⑨Around-the-clock doctor availability //
24 時間体制で医師の対応可能 //

●⑩Detailed digital prescriptions //
詳細なデジタル処方箋 //

●⑪Broad range of specialists //
幅広い専門医 //

●⑫Order medicine and tests online //
薬と検査をオンラインで注文する //

⑬Top Specialists //
最高の専門医 //

⑭cold, cough, fever // 風邪，せき，熱 // ⑮Specialists / for common health concerns // 専門医 / 一般的な健康上の心配に関する //	⑯Dermatology // 皮膚科 // ⑰Specialists / for skin and hair treatment // 専門医 / 皮膚および髪の治療に対する //	⑱Psychiatry // 精神科 // ⑲Specialists / to help treat mental health problems // 専門医 / 精神的健康の問題を治療する助けとなる //

語句と語法のガイド

clinic [klínɪk] 名 診療所，クリニック

online [á(:)nlaɪn] 形 オンラインの ▶ 副 オンラインで

consultation [kɑ̀(:)nsəltéɪʃən]	名 診察，診療 ▶ consult 動 ～の診察を受ける
pharmacy [fɑ́:rməsi]	名 調剤，薬局 ▶ pharmacist 名 薬剤師
medicine [médsən]	名 薬
product [prɑ́(:)dʌkt]	名 製品 ▶ produce 動 ～を生産する
login [lɔ́(:)gɪn]	名 ログイン ▶ log in 動 ログインする
around-the-clock	形 24 時間連続[営業]の，休みのない
availability [əvèɪləbíləti]	名 利用できること ▶ available 形 利用可能な
detailed [dí:teɪld]	形 詳細な ▶ detail 名 詳細
digital [dídʒətəl]	形 デジタルの
prescription [prɪskrípʃən]	名 処方箋 ▶ prescribe 動 ～を処方する
broad [brɔ:d]	形 幅広い
range [reɪndʒ]	名 範囲 ▶ a range of ～ 熟 広範囲の～
specialist [spéʃəlɪst]	名 専門家 ▶ specialize 動 専門にする
order [ɔ́:rdər]	動 ～を注文する ▶ 名 注文
test [test]	名 検査
top [tɑ(:)p]	形 最高の
cough [kɔ:f]	名 せき ▶ 動 せきをする
fever [fí:vər]	名 熱，発熱
common [kɑ́(:)mən]	形 一般的な
concern [kənsə́:rn]	名 心配(事) ▶ concerned 形 心配している
dermatology [də̀:rmətɑ́(:)lədʒi]	名 皮膚病学
treatment [trí:tmənt]	名 治療，処置 ▶ treat 動 ～を治療する
psychiatry [saɪkáɪətri]	名 精神医学
mental [méntəl]	形 精神的な ▶ physical 形 身体的な

本文内容チェック

サンシャインヘルスクリニックが選ばれる理由は，24 時間対応可能，詳細なデジタル処方箋，薬と検査のオンライン注文などである。また，一般的な病気，皮膚科，精神科の専門医がいる。

解説

⑲ **Specialists to help treat mental health problems**

to help は不定詞の形容詞的用法。specialists が to help の行為をする人(意味上の主語)にあたり，「～する専門医」という意味になっている。

〈help ＋原形不定詞〉で「～する助けとなる」という意味を表す。

⑳How Online Doctor Consultation Works //
オンラインの医師の診察の仕組み //

㉑First, choose : //
まず，選んでください //

㉒Text // ㉓Audio // ㉔Video //
文字 // 音声 // 映像 //

㉕Then, /
次に， /

●㉖Choose the doctor //
医師を選ぶ //

●㉗Book a slot / and make your payment //
診察枠を予約する / そして支払いをする //

●㉘Be present / in the online consulting room / on sunshinehealthclinic.com /
いる / オンラインの診察室に / sunshinehealthclinic.com 上の /

at the time / of consultation //
時間に / 診察の //

●㉙Receive prescriptions instantly //
即座に処方箋を受け取る //

●㉚Order your medicine online, / if you wish to //
オンラインで薬を注文する / もしあなたが希望すれば //

㉛Frequently Asked Questions //
よくある質問 //

語句と語法のガイド

work [wəːrk]	動 働く，機能する
book [bʊk]	動 ～を予約する
slot [slɑ(:)t]	名 時間帯，位置
payment [péɪmənt]	名 支払い ▶ make payment 動 支払いをする
present [prézənt]	形 出席して，居合わせて ▶ 名 贈り物
receive [rɪsíːv]	動 ～を受け取る
instantly [ínstəntli]	副 即座に ▶ instant 形 即座の

本文内容チェック

オンライン診察の仕組みには，医師の選択，診察枠の予約と支払い，診療時間にオンライン診察室に入室，即座に処方箋を受領，薬のオンライン注文が含まれる。

解説

⑳ **How Online Doctor Consultation Works**

how は手段や方法を表す疑問副詞で,「どのように」という意味。

consultation は「診察を受けること」。

work は動詞で「機能する」という意味。

㉘ **Be present in the online consulting room on sunshinehealthclinic.com at the time of consultation**

present は「その場にいる」という意味の形容詞。過去と比較して,「今は」という意味の副詞もある。

consulting は「診察の」という意味の形容詞。

at the time of ～は,「～のとき[時間]に」という意味。

㉚ **Order your medicine online, if you wish to**

if は接続詞で,「～ならば」という条件を表す。

if you wish to で「もしあなたが希望するなら」という意味。wish to *do* は「～することを望む」という意味。

OUTPUT

STEP 1

あなたはサンシャインヘルスクリニックについていくつか質問がある。INPUT のウェブサイトに目を通して，あなたが必要な情報を見つけなさい。

あなたの質問

1. 私はひどいせきをしている。医者はいつ診察に対応が可能か。 →p. 40⑨
2. 私は映像で顔を見せなければならないか。 →p. 42㉑～㉔
3. 私はどのようにして薬を手に入れることができるか。 →p. 40⑫，p. 42㉙，㉚

STEP 2

あなたは医者にオンラインで，または，直接に診てもらうべきかどうか決心がついていない。ペアやグループで，それぞれの選択肢の利点は何かについて話し合いなさい。必要であればメモを取りなさい。

（！ヒント）

・①a. 一般の人々を表す you を主語にして，You can ～.「(オンラインの医師の診察では)あなたは～することができる。」と書けばよい。これはまた，オンラインの医師の診察の利点の説明になる。
  b. It is possible to *do*.「～することが可能である。」といった表現を使って，オンラインの医師の診察の利点を述べる。

・②a. 一般の人々を表す you や doctors を主語にして文を書けばよい。
  b. まず，Yes か No で答える。オンラインの医師の診察を試したい時や理由を付け加えるとよい。

①a. オンラインの医師の診察とは何か。
  b. オンラインの医師の診察の利点は何か。

②a. 医師に直接診てもらうことの利点は何か。
  b. あなたはオンラインの医師の診察を試したいか。

（解答例）

①a. You can receive prescriptions and order medicine online.
(あなたはオンラインで処方箋を受け取って薬を注文することができる。)
  b. It is even possible to talk to doctors at midnight.
(深夜に医師と話すことさえ可能である。)

②a. Doctors can determine how to treat patients by directly examining their bodies.
(医師は患者の身体を直接調べることによって彼らの治療方法を決めることができる。)
  b. Yes, I want to try an online doctor consultation when I have a minor illness.
(はい，私は軽い病気のときに，オンラインの医師の診察を試したい。)

STEP 3

最良の診察のタイプを決めるために，オンラインの医師の利点を医師に直接診てもらうことの利点と比較しなさい。あなたがオンラインの医師の診察を試したいかどうかを含めなさい。少なくとも1つのパラグラフで100語程度で書きなさい。

！ヒント

・まず，オンラインの医師の利点を述べる。一般の人々を表すyouを主語にして，You can ～.「あなたは～することができる。」やYou don't have to ～.「あなたは～する必要はない。」などと書けばよい。

・次に，医師に直接診てもらうことの利点を述べる。一般の人々を表すyouを主語にしてもよいが，Doctors can ～.「医師は～することができる。」のように書くこともできる。

・最後に，「オンラインの医師の診察を試したいかどうか」について述べればよい。オンラインの医師の診察を試したい時，条件，理由も書くとよい。

Expressing alternatives

1. Some people say that herbal remedies can **replace** conventional drugs.
(中には漢方薬は従来の薬に取って代わり得ると言う人がいる。)
replace は「～に取って代わる」という意味の動詞。
⇨ I don't think teachers will **be replaced** by robots in the classroom.
(私は教室において教師がロボットに取って代わられることはないだろうと思う。)

2. Websites cannot be used **as a substitute for** professional medical advice.
(ウェブサイトは専門的な医師の忠告の代わりとして使うことはできない。)
substitute は「代理品[物], 代役」という意味の名詞。形容詞として「代理の」, 動詞として「～を代わりに使う」などの意味がある。

3. It is said that **there is** currently **no alternative to** vaccination against the virus.
(現在そのウイルスに対するワクチンの代わりとなるものは全くないと言われている。)
alternative は「代わり(となるもの), 選択肢」という意味の名詞。形容詞として「別の, それに代わる」などの意味がある。
⇨ The road was closed, so they had to find an **alternative** route.
(道路が閉鎖されていたので, 彼らは別の道を探さなければならなかった。)

4. On the internet you can **exchange** medical information with other patients.
(インターネットで, あなたは他の患者と医学の情報を交換することができる。)
exchange は「～を交換する」という意味。また, exchange には「～を取り替える」という意味がある。
⇨ Can I **exchange** yen for dollars here?
(ここで円をドルに替えることはできますか。)

5. Doctors might offer weight loss advice **in place of** medical treatment.
(医師は治療の代わりに減量の忠告を与えるかもしれない。)
in place of ～で「～の代わりに」という意味を表す。instead of ～は「～の代わりに」という意味を表す一般的なフレーズだが, in place of ～は, ある人や物に特定の役割があり, それを補うというニュアンスで使われる。

補充問題

1 各空所に入る語句を【 】内から選び，完成した英文を日本語に直しなさい。

1. Those ( ) the meeting were surprised at the news.

2. You can go wherever you ( ).

3. This box can be used as a ( ) a stepladder.

4. It is possible to use milk in ( ) cream in this recipe.

【 place of / present at / substitute for / want to 】

2 次の日本語を，( )内の指示に従って英文に直しなさい。

1. 彼は宿題を手伝ってくれる人を探している。(to 不定詞を使って)

2. この薬がどのように効くのか教えてもらえますか。(Could から始めて)

3. その国の主な産業として観光業が農業に取って代わるだろう。(replace を使って)

4. 彼女が提案した企画の代わりになるものは全くなかった。(alternative を使って)

3 対面で英会話を学ぶことと，オンラインで英会話を学ぶことの利点を比較し，あなたはどちらを利用したいかについて，100 語程度の英文で書きなさい。

Lesson 6 Healthy lifestyle

INPUT

要約

サヤカは友だちのジェイクの不健康な生活様式を心配していて，彼にアドバイスをしてくれるようあなたに頼んでいる。サヤカは彼女たちの会話についてあなたに話す。

教科書本文

①Jake's description //
ジェイクの説明 //

・②He was on the (1)____________ team. //
彼は(1)___チームに入っていた //

・③After he left the team, / he began studying very hard / to get into a college /
彼がチームをやめた後 / 彼はとても一生懸命に勉強し始めた / 大学に入るために /

to study (2)____________. //
(2)___を勉強するために //

④*A*. Jake's problems //
ジェイクの問題 //

⑤Exercise // 運動 //	⑥He is very busy (3)____________. // 彼は(3)___とても忙しい // → ⑦doesn't have enough time / to exercise // 十分な時間がない / 運動するための//
⑧Sleep // 睡眠 //	⑨Nowadays / he sleeps three to four hours / a night. // 最近 / 彼は3～4時間眠る / 1晩に // → ⑩sometimes falls (4)____________ / in classes // ときどき(4)___しまう / 授業中に //
⑪Diet // 食事 //	⑫He sometimes oversleeps / in the morning. // 彼はときどき寝過ごす / 朝に // → ⑬skips (5)____________ // (5)___をとばす //

⑭But it's not so easy / to change his lifestyle. //
しかしあまり簡単ではない / 彼の生活様式を変えることは //

⑮*B*. Sayaka's comments / about Jake's lifestyle //
サヤカのコメント / ジェイクの生活様式について//

・⑯He doesn't have to have / a lot of time / to exercise. //
彼は持つ必要はない / 多くの時間を / 運動するための//

⑰She believes / just (6)____________ for 10 to 20 minutes / a day / will make a
彼女は信じている / ただ10～20分間(6)___ / 1日に / 違いをうむだろ

difference. //
う　//

• ⑱He should make sure / he gets enough sleep / to stay alert / in class / and eats breakfast / every morning. //
彼は確実にするべきである　/　彼は十分な睡眠をとる　/　集中するために / 授業中に　/　そして朝食をとる　/　毎朝　//

• ⑲He should cut down / on his (7)____________ time. //
彼は減らすべきである　/　彼の(7)____時間　//

語句と語法のガイド

lifestyle [láɪfstaɪl]	名 生活様式，ライフスタイル
description [dɪskríp∫ən]	名 記述，説明　▶ describe 動 ～を記述する
exercise [éksərsàɪz]	名 運動　▶ 動 運動する
nowadays [náʊədèɪz]	副 最近(では)
diet [dáɪət]	名 食事
oversleep [òʊvərslí:p]	動 寝過ごす
skip [skɪp]	動 ～をとばす，～を省く
make a difference	熟 違いをうむ，効果がある
alert [ələ́:rt]	形 油断のない，用心深い
cut down on ～	熟 ～を減らす

本文内容チェック

ジェイクはチームをやめた後，大学に入るために一生懸命に勉強している。彼は運動する十分な時間がなく，睡眠は3～4時間で，朝食を抜くこともある。サヤカは，彼が運動する時間を多くとる必要はなく，確実に十分な睡眠をとり，朝食をとるべきだと思っている。

解説

⑦ **doesn't have enough time to exercise**

to exercise は不定詞の形容詞的用法。

⑨ **Nowadays he sleeps three to four hours a night.**

「～の間」という意味の前置詞 for はしばしば省略される。

a は「～につき」という意味。

⑭ **But it's not so easy to change his lifestyle.**

It is ～ to *do*. は「…するのは～である。」という意味。It は形式主語で，真主語は to change ～。

⑰ **She believes just (6)____ for 10 to 20 minutes a day will make a difference.**

believes の後に，接続詞 that が省略されている。that 節の主語は just ～ day。

⑱ **He should make sure he gets enough sleep to stay alert in class and eats breakfast every morning.**

make sure (that) ～は「確実に～する」という意味。

to stay は目的を表す不定詞の副詞的用法。

OUTPUT

STEP 1

ジェイクの生活様式によってもたらされうる結果は何か。運動，睡眠，食事の点からあなたの意見を書きなさい。

!ヒント

運動→ p. 48⑤〜⑦，p. 48⑯，⑰
睡眠→ p. 48⑧〜⑩，p. 49⑱
食事→ p. 48⑪〜⑬，p. 49⑱

STEP 2

ジェイクの問題点のうちの1つを選びなさい。彼はどのようにして状況を改善することができますか。ペアやグループであなたの意見を話しなさい。必要ならば，メモを取りなさい。

!ヒント

・①a. ジェイクの生活様式の問題点である運動の日課，睡眠，食事の中から1つを選ぶ。
　b. 改善する方法を述べる。He can do it by *do*ing.「彼は〜することによってそれができる。」などの表現を使えばよい。
・②a. ジェイクがするべきことをさらに詳しく述べる。He should 〜 .「彼は〜するべきである。」を使う。
　b. a. で述べたことがなぜ効果的なのか，そうすることでどんなことが起こるのかについて述べる。〜 will make him feel good.「〜は彼に体調よく感じさせるだろう。」や He'll 〜 and then he can ....「彼は〜，それで…できる。」といった表現を使うことができる。

①a. ジェイクは自分の[運動の日課／睡眠／食事]を改善するべきである。
　b. 彼はどのようにしてそれを改善できるか。
②a. 彼がするべきことをより詳しく述べなさい。
　b. なぜそれが効果的か。どんなことが起こるか。

解答例

①a. Jake should improve his exercise routine.
(ジェイクは自分の運動の日課を改善するべきである。)
　b. He can do it by taking some short breaks while studying.
(彼は勉強中に休憩を少し取ることによってそれができる。)
②a. He should stop studying every two hours and take some light exercise.
(彼は2時間おきに勉強するのを中断して，軽い運動をするべきである。)
　b. Just stretching for ten minutes during breaks will make him feel better. Also, he'll feel refreshed and then he can concentrate more on his studies.
(ただ休憩中に10分間ストレッチするだけで彼は体調がよくなるだろう。また，彼は気分がすっきりして，そして勉強により集中できる。)

STEP 3

ジェイクにアドバイスを与えるメッセージを書きなさい。ジェイクとサヤカの会話で提起されている問題を 1 つ選び，それをどのように改善するべきかメッセージで述べなさい。少なくとも 1 つのパラグラフで 100 語程度で書きなさい。

！ヒント

・I've heard about your lifestyle from Sayaka. Let me give you some advice.(私はサヤカからあなたの生活様式について聞いた。私にアドバイスをさせてください。)などと前置きを入れてもよい。

・まず，ジェイクが何をするべきか，どのように改善するべきかを述べる。I think (that) you should ～.「私はあなたが～するべきだと思う。」や You can improve ～ by ....「あなたは…によって～を改善することができる。」などの表現を使う。

・続けて，その根拠を述べる。Without ～, the body can't ....「～がないと，体は…できない。」や If you ～, it may be difficult to ... in class.「もしあなたが～ならば，授業中に…することが難しいかもしれない。」などと，問題点をアドバイスの根拠として挙げることもできる。

・次に，ジェイクがするべきことをより詳しく述べる。You should decide ～ so that you can make sure ....「あなたは確実に…できるように～を決めるべきである。」などの表現を使う。

・合わせて，なぜそれが効果的なのかを述べるとよい。～ will lead to better health.「～はよりよい健康をもたらすだろう。」や You won't ～ in class and then you can ....「あなたは授業中に～しないだろう，それで…できる。」といった表現を使うことができる。

Expressing result

1. **By** eat**ing** breakfast, **we can** activate our brain.
(朝食をとることによって，私たちは脳を活性化することができる。)
by *doing* は「〜することによって」という意味で,「手段」を表す。can に続く部分で，ある手段をとった「結果」を表す。

2. Sleep deprivation can **cause** a range of problems.
(睡眠不足はさまざまな問題を引き起こしうる。)
cause は「〜を引き起こす」という意味の他動詞。名詞として「原因，理由」などの意味もある。
➡ A range of problems can **be caused** by sleep deprivation.［受動態］
〈結果〉 〈原因〉

3. A lack of nutritious food may **result in** a variety of health problems.
(栄養のある食べ物の欠如はさまざまな健康上の問題をもたらすかもしれない。)
result in 〜は「〜をもたらす，〜という結果に終わる」という意味。in の後には(動)名詞がくる。受動態・進行形にしない。
⇨ His carelessness **resulted in** the accident.
(彼の不注意がその事故をもたらした。)

4. A lot of stress may **lead to** poor physical condition.
(多くのストレスは体調不良を引き起こすかもしれない。)
lead to 〜で「〜を引き起こす，〜という結果になる」という意味を表す。lead to 〜には「〜に通じる，〜につながる」という意味もある。
⇨ This river **leads to** the ocean.
(この川は海に通じている。)

5. He tried to lose weight, but **ended up** putting more on.
(彼は減量しようとしたが，最終的に体重がさらに増えることになった。)
end up *doing* で「最終的に[結局]〜することになる」という意味を表す。しばしば本人の意志・予想に反する結果を含意する。
⇨ She **ended up** taking the last bus home.(彼女は結局最終バスで帰宅した。)
end up の後には in などが続くこともある。
⇨ The boy **ended up** in hospital.(その少年は最終的に入院することになった。)

補充問題

1 日本語に合うように，( )内の語句を並べ替えなさい。

1. 仕事を変えることは彼女の人生に大きな違いをうむだろう。
(will / difference / jobs / make / changing / a big) to her life.
________________________________ to her life.

2. 確実に犬が外へ出ないようにしてください。
Please (go / sure / doesn't / outside / make / the dog).
Please ________________________________.

3. その火事は彼らの家に深刻な損害をもたらした。
(to / in / serious / resulted / damage / the fire) their house.
________________________________ their house.

4. 私たちは最終的に会合を延期しなければならなかった。
(to / up / we / having / postpone / ended) our meeting.
________________________________ our meeting.

2 次の日本語を，( )内の指示に従って英文に直しなさい。

1. 費用を減らすことはそれほど容易ではない。(It で始め，cut を使って)

____

____

2. 1 日におよそ 30 分間歩くことによって，私たちは健康を維持することができる。(By で始めて)

____

____

3. その事故は運転手側の過ちによって引き起こされた。(cause を使って)

____

____

4. 食べ過ぎると病気になるかもしれない。(lead を使って)

____

____

3 部活動が忙しく，勉強する時間が確保できずに困っている友だちに対して，あなたのアドバイスを 100 語程度の英文で書きなさい。

____

____

____

____

____

Activate Presentation (1)

Situation

要約

肉体的に，または精神的に健康でいるための方法を紹介するための動画を作り，それをソーシャルメディアにアップロードしようとしています。動画で何を伝えるべきかのリストを作りました。

「健康を維持する方法」という動画を計画している。

① 健康でいるための方法を紹介する。実際に自分がやっているかどうかは問わない。

② お勧めする理由

③ 自分が調べた科学的根拠。なぜ効果的なのか。

④ キーポイントを要約する。説得力がなければならない。

注：できるだけ多くの写真や画像，他の素材を示すようにすること。

Practice

日常生活で避けるべき習慣についてプレゼンテーションをしなさい。

主題文 I think we should avoid ＿＿＿＿＿＿.(～は避けるべきだと思います。)

！ヒント

- 主題文の下線部分に入れる語句は，Idea Box を参考にしてもよい。
- 第1パラグラフでは主題文をはっきりと述べることで「健康のために何を避けるべきか」を明示し，第2パラグラフではその理由を個人的な体験などを交えながら説明する。第3パラグラフでは主題文に対する客観的理由として科学的な根拠を伝え，最終第4パラグラフでは主題文を少し言い換えながら結論を述べる。
- 第1パラグラフの冒頭は聞き手の関心を引くために，What do you do to stay healthy?「健康を維持するために何をしていますか。」などの呼びかけをすると効果的である。
- 第1パラグラフで主題文を述べる前に，導入として Some people might like ～.「～するのが好きな人もいるかもしれない。」のように述べることで，自分の意見を強めることができる。
- 第2パラグラフでは個人的な経験に基づく主題に対する理由を述べる。その際に，My experience shows that ～.「私の経験によると～である。」のような表現を用いることで明確に個人的な経験であることを示す。
- 第3パラグラフでは科学的根拠に基づく主題に対する理由を述べる。その際に，A study shows that ～.「ある調査では～であると明らかにされている。」のような表現を用いることで主張に客観性を持たせることができる。
- 最終パラグラフでは，自身の考えをもう一度伝える意味でも，What do you think about ～?「～することをどう思うか。」などのように聞き手にも同じことをするように誘いかけることで，主題を繰り返すことができる。

Idea Box

- staying up late at night(夜遅くまで起きていること)
- eating too much sugar / salt / fat(砂糖 / 塩 / 脂肪を摂りすぎること)
- staying home all weekend(週末ずっと家にいること)
- It could severely harm our health.(それは酷く健康を害する可能性がある。)
- A survey says that .... (ある調査では…と述べられている。)
- In my experience, ...(私の経験では…)

解答例

- I think we should avoid staying up late at night.
  (夜遅くまで起きていることは避けるべきだと私は思う。)
- What do you do to stay healthy? I take care not to eat too much fat.
  (健康を維持するために何をしていますか。私は脂肪を摂りすぎないように気をつけている。)
- Some people might like to stay home all weekend. But I think we should avoid doing so.
  (週末ずっと家にいるのが好きな人もいるかもしれない。しかし私はそれを避けるべきだと思う。)
- My experience shows that staying up late at night has bad effects on mental performance the next day.
  (私の経験では，夜遅くまで起きていると翌日の精神的なパフォーマンスに悪影響が出るとわかっている。)
- A study shows that too much sugar can lead to obesity.
  (糖分を摂り過ぎると肥満になる可能性があると，ある調査で明らかにされている。)
- What do you think about doing some exercise on weekends?
  (週末に少し運動するのはどうだろうか。)

Lesson 7 What do you do after school?

INPUT

要約

ハルトは交換留学生として海外留学する予定で，課外活動に参加しようと考えている。彼は友だちのリアムと，アメリカと日本の課外活動について E メールでやりとりをした。

教科書本文

①Hi Haruto, /
やあ，ハルト /

Glad to hear that / you want to join the soccer team here. // ②Joining
聞いてうれしい / あなたがここでサッカーチームに入りたいと // 課

extracurricular activities / or after-school clubs / is optional. // ③If students
外活動に参加することは / または放課後のクラブに / 任意である // もし生徒が参加

want to join / one of the school sports teams, / they need to pass the tryout. //
したいのならば / 学校のスポーツチームの 1 つに / 彼らは入部テストに合格する必要がある //

④It's quite competitive, / and only the selected players can join the team. //
それはかなり競争率が高い / そして選ばれた選手だけがチームに入ることができる //

⑤Therefore, / less than 50% of American students / join extracurricular activities. //
それゆえに / アメリカの生徒の 50%未満が / 課外活動に参加する //

⑥If you are good enough, / you can join more than one team / since each sport is
もしあなたが十分に上手ならば / あなたは 2 つ以上のチームに入ることができる / 各スポーツは季節ご

played seasonally. // ⑦For example, / American football is played / from August to
とに行われるから // 例えば / アメリカンフットボールは行われる / 8 月から 11

November, / and soccer is played / from December to March. // ⑧I play basketball /
月まで / そしてサッカーは行われる / 12 月から 3 月まで // 私はバスケットボールをする /

in winter / and tennis / in spring. // ⑨School sports are not played / during the
冬に / そしてテニスを / 春に // 学校のスポーツは行われない /

summer vacation, / so I usually join a local baseball team. // ⑩There are lots of
夏休みの間 / だから私はふつう地元の野球チームに入る // 多くの選択肢がある

options / when it comes to sports here. // ⑪I'm sure / you'll enjoy it. //
/ ここでのスポーツに関しては // 私は確信している / あなたがそれを楽しむだろうと //

⑫Liam //
リアム //

語句と語法のガイド

extracurricular [ekstrəkəríkjʊlər] 形 課外の，カリキュラム以外の

activity [æktívəti] 名 活動 ▶ active 形 活動的な

after-school [ǽftərskuːl] 形 放課後の

optional [ɑ́(ː)pʃənəl] 形 任意の，自分で選べる ▶ option 名 選択肢

tryout [tráɪàʊt]	名 適性試験 ▶ try out ～ 熟 ～をテストする
quite [kwaɪt]	副 かなり，非常に
competitive [kəmpétətɪv]	形 競争的な ▶ competition 名 競争
select [səlékt]	動 ～を選ぶ ▶ selection 名 選択
therefore [ðéərfɔ̀ːr]	副 それゆえに，したがって
less than ～	熟 ～未満，～より少ない
seasonally [síːzənəli]	副 季節によって ▶ seasonal 形 季節ごとの
local [lóʊkəl]	形 地元の
when it comes to ～	熟 ～に関しては，～のこととなると

本文内容チェック

リアムはハルトにアメリカの課外活動についてEメールを書いた。リアムによると，アメリカでは課外活動への参加は任意で，学校のスポーツチームに入るには入部テストに合格する必要がある。競争率が高く，選ばれた選手だけがチームに入ることができるので，課外活動に参加するのは50％未満の生徒である。また，各スポーツは季節ごとに行われるので，複数のチームに所属することが可能である。リアムは，冬はバスケットボール，春はテニスをしている。夏休みの間，学校のスポーツは行われないので，リアムはたいてい地元の野球チームに入る。

解説

① **Hi Haruto, Glad to hear that you want to join the soccer team here.**

Glad の前に I'm が省略されている。

to hear は原因・理由を表す不定詞の副詞的用法。

that は「～ということ」という意味の接続詞。that 節は hear の目的語になっている。

join は他動詞なので，直後に目的語がくる。join to などとしないように注意。

② **Joining extracurricular activities or after-school clubs is optional.**

Joining は動名詞。Joining ～ clubs が文の主語で，単数扱い。

⑥ **If you are good enough, you can join more than one team since each sport is played seasonally.**

enough は形容詞・副詞の直後に置く。

more than ～は「～以上，～より多い」という意味。more than one は「2つ[2人]以上」という意味。例えば，more than two books は「3冊以上の本」という意味で，2冊は含まない。

since は「～なので」という意味の接続詞。

each は「それぞれの」という意味で，後ろに単数名詞が続く。

is played は受動態。

⑬Hello Liam, /
やあ，リアム　/

Thank you so much / for letting me know / about the sports teams / in high school. //
どうもありがとう　/　私に知らせてくれて　/　スポーツチームについて　/　高校での　//

⑭I was so surprised that / there are many differences / between extracurricular
私はとても驚いた　/　多くの違いがある　/　課外活動の間に

activities / in the U.S. / and Japan. // ⑮Here, / students are encouraged / to join
/　アメリカで　/　そして日本　//　ここでは　/　生徒は奨励される　/　学校のス

school sports teams / or clubs, / so more than two-thirds of students / here in
ポーツチームに入るように　/　またはクラブに　/　だから生徒の3分の2より多くが　/　ここ日本

Japan / participate in extracurricular activities. // ⑯They can join any sports team /
で　/　課外活動に参加する　//　彼らはどのスポーツチームにも入ることができる　/

or club / in high school / because there are no tryouts. // ⑰Soccer and baseball are
またはクラブに　/　高校で　/　入部テストが全くないので　//　サッカーと野球は2つの最も

the two most popular sports / in Japan, / but basketball and volleyball are also
人気のあるスポーツである　/　日本では　/　しかしバスケットボールとバレーボールもまた人

popular / among students. // ⑱We practice every day, / and there is no off-season. //
気がある　/　生徒の間で　//　私たちは毎日練習する　/　そして全くオフシーズンがない　//

⑲Thus, / we aren't usually on / more than one school sports team. // ⑳I like the
したがって / 私たちはふつう所属することはない　/　2つ以上の学校のスポーツチーム　//　私は考えが好き

idea / of doing more than one sport. // ㉑I think / I'll try out / for a few sports /
である /　2つ以上のスポーツを行うという　//　私は思う　/　私は志願するつもりだ　/　いくつかのスポーツに　/

while I'm in the U.S. // ㉒I'm looking forward to it. //
私がアメリカにいる間　//　私はそれを楽しみにしている　//

㉓Haruto //
ハルト　//

語句と語法のガイド

encourage [ɪnkə́ːrɪdʒ]　動 ～を奨励する　▶ courage 名 勇気

participate [pɑːrtísɪpèɪt]　動 参加する　▶ participation 名 参加

off-season [ɔ́(ː)fsìːzən]　名 オフシーズン，暇な時期

thus [ðʌs]　副 したがって，それゆえに

try out for ～　熟 ～の一員に志願する

look forward to ～　熟 ～を楽しみに待つ

本文内容チェック

ハルトはリアムに日本の課外活動についてEメールを書いた。ハルトはアメリカと日本の課外活動にたくさんの違いがあって驚いた。ハルトによると，日本では学校のスポーツチームやクラブに入ることが奨励されているので，3分の2を超える生徒が課外活動に参加している。入部テストがないから，高校ではどのスポーツチームやクラブにも入ることができる。毎日練習をして，オフシーズンがないので，ふつうは学校のスポーツチーム

に複数所属することはない。ハルトは複数のスポーツをするという考えを気に入っている。彼はアメリカでいくつかのスポーツに挑戦してみようと思っている。

解説

⑬ **Hello Liam, Thank you so much for letting me know about the sports teams in high school.**

Thank you so much for *do*ing. は「〜してくれてどうもありがとう。」という意味。

let は使役動詞。〈let ＋ O ＋原形不定詞〉で「O に〜させる」という意味を表す。

⑭ **I was so surprised that there are many differences between ....**

surprised(驚いて)や sure(確信して)など，心理・感情を表す形容詞の後に that 節が続く場合がある。この that は「〜ということを，〜なので」という意味で，しばしば省略される。

⑮ **Here, students are encouraged to join school sports teams or clubs, so more than two-thirds of students here in Japan participate in extracurricular activities.**

be encouraged to *do* は「〜するように奨励される」という意味の受動態。〈encourage ＋ O ＋ to *do*〉で「O に〜するように奨励する」という意味。

two-thirds は「3 分の 2」という意味。分子は基数詞，分母は序数詞。分子が 2 以上の場合には分母に複数の -s をつける。(例)three-fourths(4 分の 3)

participate in 〜は「〜に参加する」という意味。

⑰ **Soccer and baseball are the two most popular sports in Japan, but basketball and volleyball are also popular among students.**

the most popular は最上級。

be popular among 〜は「〜の間で人気がある」という意味。

⑲ **Thus, we aren't usually on more than one school sports team.**

thus は「したがって」という意味の副詞で，therefore よりもさらにフォーマルな語。

be on the team で「チームの一員である」という意味を表す。

⑳ **I like the idea of doing more than one sport.**

〈名詞＋ of ＋(動)名詞〉で「〜という…」という意味を表す。この of は「同格」を表す前置詞。

㉑ **I think I'll try out for a few sports while I'm in the U.S.**

think の後に接続詞 that が省略されている。

a few は「少しの，2，3 の」という意味。

while は「〜の間」という意味の接続詞。時や条件を表す副詞節では，未来の事柄を表すときでも現在形を使う。

OUTPUT

STEP 1

INPUT にある彼らのEメールのやりとりを読んで，日本とアメリカの課外活動の違いについてあなたがわかったことをまとめなさい。

！ヒント

アメリカ	日本
課外活動としてスポーツチームやクラブに入ることは(1)____。 → p. 56②	生徒は学校のスポーツチームやクラブに入ることを奨励される。
(2)____の生徒が課外活動に参加する。 → p. 56⑤	(3)____の生徒が課外活動に参加する。 → p. 58⑮
生徒は(4)____のスポーツチームに入ることができる。 → p. 56⑥	生徒はふつう学校の1つのスポーツチームやクラブに入ることを選ぶ。
生徒は季節によって異なるスポーツをする。	生徒はふつう年間を通して(5)____スポーツをする。 → p. 58⑱⑲

STEP 2

日本とアメリカの課外活動について考えて，ペアやグループで，あなたの意見を話しなさい。必要であればメモを取りなさい。

！ヒント

・① 課外活動の行われ方はアメリカよりも日本の方がよいと思うかどうか，yes / no で答える。

・② a. It is because ～.「それは～だからである。」といった表現を使って，理由を述べる。
b. 自分が体験したことを，I「私は」を主語にして詳しく述べる。

① あなたは課外活動の行われ方はアメリカよりも日本の方がよいと思うか。

②a. あなたの意見に対する理由を説明できるか。
b. あなたの個人的な経験に基づき，詳細を述べられるか。

解答例

① No, I think it is better in the U.S. than in Japan.
（いいえ，私はそれは日本よりもアメリカの方がよいと思う。）

②a. It is because we can join more than one sports team or club depending on the season.
（それは私たちが季節に応じて2つ以上のスポーツチームやクラブに入ることができるからである。）

b. In junior high school, I wanted to play both soccer and basketball, but I chose to join the soccer team. If I had been allowed to join more than one team or club, I could have played both with my teammates.

(中学校で，私はサッカーとバスケットボールの両方をしたかったが，サッカーチームに入ることを選んだ。もし2つ以上のチームやクラブに入ることが許されたならば，私はチームメイトと両方ともすることができただろう。)

STEP 3

あなたは，アメリカと日本の課外活動のどちらの取り組み方がよりよいと思うか。少なくとも2つのパラグラフで100語程度の意見を書きなさい。

!ヒント

・第1パラグラフでは，まず，アメリカと日本の課外活動のどちらの取り組み方がよりよいか，自分の立場を述べる。I think the way extracurricular activities are conducted in A is better than that in B.「私は課外活動の行われ方はBよりもAの方がよいと思う。」などの表現を使う。

・次に，その理由を述べる。The main reason is that ～.「主な理由は～である。」などの表現を使うとよい。合わせて，I'm sure there are a lot of students who want to try more than one sport or activity to enjoy their school life more.(私は学校生活をより楽しむために2つ以上のスポーツや活動に挑戦したい生徒がたくさんいると確信している。)のように，理由を補強する文を書くとよい。

・第2パラグラフでは，第1パラグラフで示した自分の立場をサポートする個人的な経験を具体的に述べる。When I was a junior high school student, ～.「私が中学生だったとき，～。」やI would have been able to ～ if I had been ....「もし…だったら，～することができただろうに。」などの表現を使うとよい。

・I believe experiencing a variety of sports and activities has a positive effect on our school lives.(私はさまざまなスポーツや活動を経験することは私たちの学校生活によい影響を与えると信じている。)のように，自分の意見の利点を示して締めくくることもできる。

Expressing positive and negative effects

1. Playing sports on school sports teams has **huge benefits** for students' careers.
(学校のスポーツチームでスポーツをすることは生徒の経歴に莫大な利益がある。)
huge は「莫大な」という意味の形容詞。benefit は「利益，利点，恩恵」という意味の名詞で，形容詞は beneficial「有益な」。

2. Many people believe that joining school sports teams positively **affects** students' behavior.
(多くの人々が学校のスポーツチームに入ることは生徒の行動によい影響を与えると信じている。)
affect は「～に影響を与える」という意味の他動詞。
⇨ Watching violent movies **affects** children in a negative way.
(暴力的な映画を見ることは子どもたちに悪影響を与える。)

3. Some people say that joining school sports teams **has a positive effect on** students' interpersonal skills.
(中には学校のスポーツチームに入ることは生徒の対人能力によい影響を与えると言う人もいる。)
have a positive effect on ～で「～によい影響を与える」という意味を表す。effect は「影響，効果」という意味の名詞。positive は「よい，プラスの」という意味の形容詞で，反意語は negative「悪い，マイナスの」。
➡ Some people say that joining school sports teams **positively affects** students' interpersonal skills.

4. Too much practice could **be harmful to** long-term health of the athletes.
(多すぎる練習はスポーツ選手の長期的な健康に害を及ぼすかもしれない。)
be harmful to ～で「～に害を及ぼす，～に有害である」という意味を表す。harm は名詞で，「害，損害」という意味。be harmful to ～に対して，be beneficial to ～は「～に利益をもたらす，～の役に立つ」という意味。
⇨ Exercising regularly **is beneficial to** your health.
(定期的に運動することはあなたの健康にとって有益である。)

5. There are both **positive and negative aspects** to encouraging students to join a school sports team or after-school club.
(生徒に学校のスポーツチームや放課後のクラブに入るよう奨励することにはよい側面と悪い側面の両方がある。)
positive は「よい，プラスの」，negative は「悪い，マイナスの」という意味。aspect は「側面，面，観点」という意味の名詞。

補充問題

1 日本語に合うように，（ ）内の語句を並べ替えなさい。

1. 私はおじにギターを弾き始めるように奨励された。
I (to / was / playing / begin / encouraged / the guitar) by my uncle.
I ______________________________ by my uncle.
2. 彼女は海外留学をするという考えを断念した。
She has (of / up / abroad / given / studying / the idea).
She has ______________________________.
3. 何千人もの人々がその決定で悪影響を受けている。
(by / been / have / people / thousands of / negatively affected) the decision.
______________________________ the decision.
4. そのスピーチは彼の経歴にとてもよい影響を与えた。
The speech (a / on / had / very / effect / positive) his career.
The speech ______________________________ his career.

2 次の日本語を，（ ）内の語を使って英文に直しなさい。

1. 私はあなたがその活動に楽しんで参加したと聞いてうれしい。(participating)
____
____
2. 私たちは彼女が彼女の夫に怒っていることに驚いていない。(surprised)
____
____
3. スマートフォンを長時間使用することはあなたの目に有害である。(using)
____
____
4. この研究は人工知能のよい側面と悪い側面の両方を示している。(aspects)
____
____

3 個人競技 (individual sports) と団体競技 (team sports) について，それぞれのよい点を 100 語程度の英文で書きなさい。

____
____
____
____
____

Lesson 8 Direct and indirect ways of communication

INPUT

要約

日本人に適しているコミュニケーションスタイルに関するレポートを書くために，あなたは2つの異なるコミュニケーションスタイルについての講義のメモをとっている。

教科書本文

A. Two different cultures affecting communication styles

①High-context cultures: //
高コンテクスト文化 //

・②Communication is more (1)____________. //
コミュニケーションはより(1)___である //

・③People are more dependent / on (2)____________ cues, / such as
人々はより依存している / (2)___手がかりに /

(3)____________ expressions, / tones of voice, / (4)____________ and even
例えば(3)___表情 / 口調 / (4)___や(5)___さえ

(5)____________. //
//

・④*Kuuki wo yomu*, / or "reading between the lines" / is an example of
「空気を読む」 / つまり「行間を読む」ことは / コミュニケーションの一

communication / in this culture. //
例である / この文化で //

↕

⑤Low-context cultures: //
低コンテクスト文化 //

・⑥Communication is more (6)____________. //
コミュニケーションはより(6)___である //

・⑦When people in these cultures communicate, / things are stated / more
これらの文化の人々がコミュニケーションをとるとき / 物事は述べられる / より

directly / to avoid (7)____________ / and (8)____________. //
直接的に / (7)___を避けるために / そして(8)___

・⑧Messages should be expressed (9)____________ / so that they are easy / to
メッセージは(9)___表現されるべきである / それらが容易であるために /

(10)____________. //
(10)___のに //

B. Two examples of "reading between the lines"

⑨Example 1 //
例 1 //

⑩During class, / students take other students' behaviors into consideration /
授業中 / 生徒は他の生徒の行動を考慮に入れる /

and decide / whether to (11)＿＿＿＿＿＿ or not. //
そして決める / (11)＿＿べきかどうか //

⑪Example 2 //
例 2 //

⑫Even when people hesitate / to talk, / they don't voice their thoughts / but
人々がためらうときでさえ / 話すことを / 彼らは自分の考えを声に出さない / しかし

expect others / to understand it. //
他の人に期待する / それを理解するように //

語句と語法のガイド

direct [dərékt]	形 直接的な ▶ indirect 形 間接的な
context [kɑ́(ː)ntekst]	名 背景，状況，文脈
dependent [dɪpéndənt]	形 依存している ▶ depend on ～ 熟 ～に依存する
cue [kjuː]	名 合図，手がかり
expression [ɪkspréʃən]	名 表情，表現 ▶ express 動 ～を表現する
state [steɪt]	動 ～を述べる
take ～ into consideration	熟 ～を考慮に入れる ▶ consider 動 ～をよく考える
behavior [bɪhéɪvjər]	名 行動 ▶ behave 動 行動する
hesitate to *do*	熟 ～するのをためらう
voice [vɔɪs]	動 ～を言葉にする

本文内容チェック

高コンテクスト文化では，人々は表情や口調といった手がかりに依存している。「空気を読む」，つまり「行間を読む」は，この文化において，コミュニケーションの一例である。一方，低コンテクスト文化では，人々がコミュニケーションをとるとき，物事はより直接的に述べられる。「行間を読む」ことの例は，授業中に生徒が他の生徒の行動を考えることや，人々が話すのをためらうときでさえ，自分の考えを声に出さないで，他者がそれを理解するのを期待することである。

解説

③ **..., such as (3)＿＿ expressions, tones of voice, (4)＿＿ and even (5)＿＿.**
such as ～は「例えば～」という意味。
3 つ以上のものを並べるときは，A, B, C(,) and D のようにする。

⑩ **During class, students ... decide whether to (11)＿＿ or not.**
〈whether to *do* or not〉は「～するべきかどうか」という意味。

⑫ **..., they don't voice their thoughts but expect others to understand it.**
〈expect + O + to *do*〉は「O が～することを期待する」という意味。

OUTPUT

STEP 1

あなたは日本が高コンテクスト文化だと思いますか。あなたの日常生活で起こる「高コンテクスト」タイプのコミュニケーションの例を挙げなさい。

(例)人がパーティーや会合に招待されたとき，時に「もし行けたら，行きます」と言う。これはしばしば彼らが行かないだろうということを意味する。

STEP 2

ペアやグループで，高コンテクストのコミュニケーションについて話し合いなさい。必要であればメモを取りなさい。

(！ヒント)

・①a. 日本が高コンテクスト文化だと思うかどうか，Yes / No で答える。
　b. 日本が高コンテクスト文化であることが日本人にとって有益だと思うかどうか，Yes / No で答える。

・② ①の理由を述べる。

①a. あなたは日本が高コンテクスト文化だと思いますか。
　b. もしそうならば，このことは日本人にとって有益だと思いますか。
② その理由は何ですか。

(解答例)

①a. Yes, I think so.(はい，そう思います。)
　b. No, I don't think so.(いいえ，そう思いません。)
② High-context communication is not so easy for many Japanese people. Some people don't verbally express what they really want, but expect others to understand it. This can cause a lot of trouble.
(高コンテクストのコミュニケーションは多くの日本人にとってそれほど容易ではない。中には自分が本当に望むことを言葉で表さないが，他者がそれを理解するのを期待する人もいる。このことは多くの問題を引き起こしうる。)

STEP 3

高コンテクストのコミュニケーションが日本人にとって有益であるかどうかについて少なくとも2つのパラグラフで100語程度の短いレポートを書きなさい。

(！ヒント)

・第1パラグラフでは，高コンテクストのコミュニケーションが日本人にとって有益であるかどうか，自分の立場を述べる。

・Some people say that high-context communication is one type of communication that governs the Japanese society. I agree with them, but I don't think it is beneficial for us.(中には高コンテクストのコミュニケーションは日本の社会を支配するコミュニケーションの1つのタイプだと言う人もいる。私は彼らに同意するが，そのことが私たちにとって有益だと思わない。)のように，日本が高コンテクスト文化であることを述べるとよい。

・第2パラグラフでは，第1パラグラフで示した自分の立場の理由・根拠を述べる。具体例などを含めるとよい。

・第1パラグラフにつながるように，This is mainly because ～.「これは主として～だからである。」などの表現を使うことができる。

・例えば，まず「高コンテクストのコミュニケーションの一例である『空気を読む』ことは難しい。」と理由を簡潔に書く。続けて，「低コンテクスト文化の人々と異なり，多くの日本人が希望することを正確に言うわけではないので，行間を読めないために多くの問題を引き起こす可能性がある。」と詳細に述べるとよい。

・We can probably avoid it if we say our thoughts and feelings openly and clearly. I certainly believe we can understand each other only when we express our messages clearly.(もし私たちが自分の考えや感情を率直にはっきりと言えば，おそらくそのことを避けることができるだろう。私たちが自分のメッセージをはっきりと表すときにだけお互いを理解することができると確かに信じている。)のように，問題の解決策を示して締めくくることもできる。

Expressing differences

1. **Unlike** people in low-context cultures, people in high-context cultures generally want others to understand their feelings without words.
(低コンテクスト文化の人々とは違って，高コンテクスト文化の人々は一般的に他者に言葉なしで自分の感情を理解してほしいと思っている。)
unlike は「～とは違って，～とは対照的に」という意味の前置詞。

2. **As opposed to** people in the high-context culture, people in the low-context culture prefer more direct ways of communication.
(高コンテクスト文化の人々とは対照的に，低コンテクスト文化の人々はより直接的なコミュニケーションの方法を好む。)
as opposed to ～は「～とは対照的に，～と対比して」という意味。be opposed to ～は「～に反対する」という意味。

3. There is a huge **difference between** not being able to communicate and not being willing to communicate.
(コミュニケーションをとれないこととコミュニケーションをとる気がないことの間には大きな違いがある。)
difference は「違い，相違」という意味の名詞。形容詞形は different「違った，異なる」，動詞形は differ「異なる」。between は「～の間に」という意味の前置詞。

4. Some people believe that people in high- and low-context cultures have **totally different** views on communication.
(中には高コンテクスト文化と低コンテクスト文化の人々はコミュニケーションについて全く異なる意見を持っていると信じている人もいる。)
different は「違った，異なる」という意味の形容詞。totally は「全く，完全に」という意味の副詞。
⇨ His idea is **totally different** from hers.
(彼の考えは彼女の考えと全く異なる。)

5. Most people think that communication styles **vary from** culture **to** culture.
(ほとんどの人がコミュニケーションスタイルは文化によって異なると考えている。)
vary は「異なる」という意味の自動詞。形容詞形は various「さまざまな」，名詞形は variety「多様(性)」。from culture to culture のように，範囲や状態の変化を表す場合に無冠詞になることがある。
⇨ Opinions **vary from** person **to** person.
(意見は人によってさまざまである。)

補充問題

1 (　)に入る語句を下の選択肢の中から選び，完成した英文を日本語に直しなさい。

1. She can't decide (　　　　) to hospital or not.

2. (　　　　), this one is very easy to use.

3. 400 people attended the conference this year, (　　　　) 200 the previous year.

4. Your opinion is (　　　　) mine.

as opposed to / totally different from / unlike other applications / whether to go

2 次の日本語を，(　)内の語を使って英文に直しなさい。

1. 私は団体競技，例えば，サッカー，バスケットボール，バレーボールが得意である。(such)

2. 私たちは彼がそんなに長くここに滞在するとは思わなかった。(expect)

3. これら 2 つの計画の間にはとても大きな違いがある。(difference)

4. 社会の慣習は国によって異なる。(vary)

3 自分の考えを相手に直接伝えるべきか，メールで伝えるべきかについて，あなたの考えを少なくとも 2 つのパラグラフで 100 語程度の英文で書きなさい。

Activate Debate (1)

Situation

状況の要約

あなたは，学生が複数の課外活動に参加することを許可されるべきかどうかについて友だちと話し合っている。

1. 2つのグループを作り，司会者を決める。グループAは学生は好きなだけ課外活動に参加することを許可されるべきであるという意見に賛成し，グループBはその意見に反対する。
2. ディベートの準備をする。論題に対する賛成と反対のリストを作る。考えをグループ内で共有する。
3. 自分の意見について1つまたは複数のパラグラフを書く。理由と具体例を含める。

Practice

学生は1年飛び級ができるべきか，できるべきではないかディベートしなさい。

根拠 Students ____________.（学生は～。）

！ヒント

・根拠の下線部分に入れる語句は，Idea Box を参考にしてもよい。

・全体の構成としては，まずは立論として賛成か反対を明示し，その大きな根拠を述べる。次に反論として，ディベートの相手陣営の立論に対して理由を挙げながら反論を述べる。最後にまとめとして，自分たちの立論の要点をまとめる。

・立論として，I believe students ～ if they want.「求めるのであれば学生は～だと思う。」のように，論題に対する賛否をまずは明確に述べる。反対意見を述べる場合は，I have doubts about ～.「私は～について疑問をもっている。」のように述べることもできる。

・次に立論の根拠として，They have to ～ if they skip a year.「飛び級をすると彼らは～しなくてはならない。」のように，反対意見をサポートすることができる。

・反論をする場合は，まず相手の主張を否定する必要があり，次に，I cannot see the advantages / disadvantages students will get if they skip a grade.「飛び級をした場合に学生が得る利点 / 欠点がわからない。」と理由を加えることができる。

・まとめとしては，The bottom line is ～.「肝心なことは～ということです。」のように，まずは立論と反論で述べたことをまとめ，最後に Therefore, I think ～.「それゆえに，私は～だと考える。」と立論を再び述べる。

Idea Box

・take classes according to their academic ability（学力に応じて授業を受ける）
・save time in life（人生の時間を節約する）
・need to make friends with older students（年上の学生と友だちになる必要がある）

・feel pressured to get good grades（よい成績をとらないといけないというプレッシャーを感じる）

解答例

・I believe students should be able to skip a grade if they want.
（求めるのであれば学生は飛び級ができるべきだと私は思う。）
・They have to take classes according to their academic ability so that they can learn at an appropriate pace.
（適切なペースで学ぶために，学生は学力に応じて授業を受ける必要がある。）
・I have doubts about whether students should be able to skip a year.
（学生は飛び級ができるべきかどうかについて私は疑問をもっている。）
・Even if they can keep up with their studies in their new classes, they will face other kinds of trouble.
（新しいクラスで勉強についていくことができるとしても，別の種類の問題に直面するだろう。）
・I cannot see the advantages students will get if they skip a grade.
（飛び級をした場合に学生が得る利点が私にはわからない。）
・The bottom line is students will face new types of problems, such as making new friends with older students and feeling pressured to keep good grades.
（肝心なのは，年上の学生と新しく友だちになることやよい成績を維持しなければいけないプレッシャーを感じるなど，学生たちは新しいタイプの問題に直面することになる，ということである。）
・Therefore, I cannot say that students should be able to skip a year.
（それゆえに，学生は飛び級ができるべきだとは，私には言えない。）

Lesson 9 Should we use social media?

INPUT

(要約)

今日，多くの高校生がソーシャルメディアを使っている。ソーシャルメディアがどのように彼らの日常生活に影響を与えるのか理解するために，あなたはそのよい影響と悪い影響を調べていて，次の記事を読んでいる。

(教科書本文)

A. The positive side

①Social media can be a useful tool / that helps students learn better. // ②For
ソーシャルメディアは有益なツールになりうる / 生徒がよりよく学ぶのを助ける //

example, / a study reported that / about 60% of students used social media
例えば / 調査は報告した / 約60%の生徒がソーシャルメディアを効果的に使った

effectively / to complete school assignments. // ③It was also found that / these
/ 学校の課題を仕上げるために // また発見された /

students' grades had significantly increased. // ④Therefore, / we can say that /
これらの生徒の成績が著しく向上した // それゆえに / 私たちは言うことができる /

the appropriate use of social media helps students do better / at school. // ⑤In
ソーシャルメディアの適切な使用は生徒の成績がよりよくなる助けとなる / 学校で //

addition, / social media can increase a teenager's quality of life. // ⑥According
さらに / ソーシャルメディアはティーンエイジャーの生活の質を向上させうる // ある調査に

to a survey, / 79% of teenagers felt more connected / with their friends / on social
よると / 79%のティーンエイジャーはよりつながっていると感じた / 友だちと / ソーシャル

media. // ⑦60% of these teens stated that / connecting with friends / on social
メディアで// これらのティーンのうち60%が述べた / 友だちとつながることは / ソーシャル

media / encourages them / when they are struggling / in tough times. // ⑧This
メディアで/ 彼らを励ます / 彼らが奮闘しているとき / つらいときに // これは

suggests / that social media / provides students / with mental / and emotional
示唆する / ソーシャルメディアは / 生徒に与える / 精神的な / そして情緒的な

support. //
支えを //

語句と語法のガイド

social media	熟 ソーシャルメディア[SNS]
positive [pá(:)zətɪv]	形 よい，プラスの ▶ negative 形 悪い，マイナスの
effectively [ɪféktɪvli]	副 効果的に ▶ effective 形 効果的な
complete [kəmplí:t]	動 ～を完成させる，～を仕上げる
assignment [əsáɪnmənt]	名 課題，宿題 ▶ assign 動 ～に課す
grade [greɪd]	名 成績，評価
significantly [sɪgnífɪkəntli]	副 著しく，大きく ▶ significant 形 かなりの

increase [ɪnkríːs]	動 増える，～を増やす ▶ decrease 動 減る
appropriate [əpróʊpriət]	形 適切な ▶ appropriately 副 適切に
do well	熟 〈成績などが〉よい，〈仕事などで〉成功する
in addition	熟 その上，さらに
teenager [tíːnèɪdʒər]	名 ティーンエイジャー ▶ = teen
quality [kwɑ́(ː)ləti]	名 質 ▶ quantity 名 量
connect [kənékt]	動 ～をつなぐ，つながる ▶ connection 名 つながり
struggle [strʌ́gl]	動 奮闘する ▶ 名 奮闘
tough [tʌf]	形 つらい，苦しい
suggest [səgdʒést]	動 ～を示唆する ▶ suggestion 名 ほのめかし
provide A with B	熟 A に B を与える
mental [méntəl]	形 精神の，心の ▶ physical 形 身体の
emotional [ɪmóʊʃənəl]	形 感情(面)の，情緒上の ▶ emotion 名 感情
support [səpɔ́ːrt]	名 支え，支持 ▶ 動 ～を支える

本文内容チェック

ソーシャルメディアは，生徒がよりよく学ぶのを助ける有益なツールになりうる。調査の結果，ソーシャルメディアを適切に使用することで，生徒の学校での成績は向上すると言える。さらに，ソーシャルメディアはティーンエイジャーの生活の質を向上させうる。

解説

① **Social media can be a useful tool that helps students learn better.**
can は「～でありうる」という意味で，可能性を表す助動詞。
that は主格を表す関係代名詞。先行詞は a useful tool。
〈help ＋ O ＋原形不定詞〉は「O が～するのを助ける」という意味。

② **For example, a study reported that about 60% of students used social media effectively to complete school assignments.**
report that ～は「～ということを報告する」という意味。無生物主語構文。
to complete は目的を表す不定詞の副詞的用法。

③ **It was also found that these students' grades had significantly increased.**
It は形式主語で，that 以下が真主語。
was found は受動態。
had increased は過去完了形。

⑥ **According to a survey, 79% of teenagers felt more connected with their friends ....**
according to ～は「～によれば」という意味。
〈feel ＋ C〉は「～と感じる」という意味で，ここでは C が過去分詞 connected。be connected with ～で「～とつながっている」という意味を表す。

⑦ **60% of these teens stated that connecting with friends on social media encourages them when they are struggling in tough times.**
state that ～は「～と述べる」という意味。
that 節の主語は connecting ～ media で，connecting は動名詞。

B. The negative side

⑨Cyberbullying is one of the biggest problems / that teenagers face / when
ネットいじめは最も大きな問題の 1 つである / ティーンエイジャーが直面する / 彼らが

they use social media. // ⑩An online survey / of junior high and high school
ソーシャルメディアを使うとき // オンライン調査 / 中高生の

students / revealed that / more than half of them said / they had been a victim /
/ 明らかにした / 彼らの半数以上は言った / 彼らは犠牲者だった /

of cyberbullying. // ⑪It is quite obvious that / social media can be a dangerous
ネットいじめの // きわめて明白である / ソーシャルメディアは危険な場所になりうる

place / for teenagers. // ⑫This survey also showed that / there were twice / as
/ ティーンエイジャーにとって // この調査はまた示した / 2 倍いた /

many students addicted / to social media / today / as there were three years ago. //
中毒になっている生徒の数 / ソーシャルメディアに / 今日 / 3 年前と比べて //

⑬Depending on / how they use social media, / spending too much time on it / can
次第で / 彼らのソーシャルメディアの使い方 / それに多すぎる時間を費やすこと / 害を

be harmful / to lives of young people. // ⑭Something must be done / to solve these
及ぼしうる / 若者の生活に // 何かがなされなければならない / これらの問題を解

problems. //
決するために //

語句と語法のガイド

cyberbullying [sáɪbərbùliɪŋ]	名 ネットいじめ ▶ cyber 形 コンピューターの，ネットワークの ▶ bully 動 ～をいじめる
reveal [rɪví:l]	動 ～を明らかにする
victim [víktɪm]	名 犠牲者
obvious [á(:)bviəs]	形 明白な，明らかな
be addicted to ～	熟 ～に中毒になっている ▶ addiction 名 中毒
depending on ～	熟 ～次第で，～によって
spend A on B	熟 A を B に費やす
harmful [há:rmfəl]	形 有害な，害を及ぼす ▶ harm 名 害
solve [sɑ(:)lv]	動 ～を解決する ▶ solution 名 解決

本文内容チェック

ネットいじめは，ティーンエイジャーがソーシャルメディアを使うときに直面する最も大きな問題の 1 つである。ソーシャルメディアがティーンエイジャーにとって危険な場所になりうることは，きわめて明白である。ソーシャルメディアの使い方次第で，使いすぎることは若者の生活に害を及ぼしうる。

解説

⑨ **Cyberbullying is one of the biggest problems that teenagers face when they use social media.**

〈one of ＋複数名詞〉で「～のうちの１つ」という意味を表す。

that は目的格を表す関係代名詞。先行詞は the biggest problems。

face は「～に直面する」という意味の他動詞。

⑩ **An online survey of junior high and high school students revealed that more than half of them said they had been a victim of cyberbullying.**

reveal that ～は「～ということを明らかにする」という意味。無生物主語構文。

had been は過去完了形。

⑪ **It is quite obvious that social media can be a dangerous place for teenagers.**

It は形式主語で，that 以下が真主語。

⑫ **This survey also showed that there were twice as many students addicted to social media today as there were three years ago.**

〈as ＋原級＋ as ～〉の直前に twice（２倍）などの語を置くことで「～の…倍－である」という意味を表す。

〈as many ＋複数名詞＋ as ～〉は「～と同じ数の…」という意味を表す。

addicted は過去分詞で，students を後ろから修飾している。

⑬ **Depending on how they use social media, spending too much time on it can be harmful to lives of young people.**

how は関係副詞で，常に先行詞なしで使われ，「様態，方法」を表す。

文の主語は spending ～ it で，spending は動名詞。

it は social media を指す。

be harmful to ～「～に害を及ぼす，～に有害である」という意味。

lives は life の複数形。

⑭ **Something must be done to solve these problems.**

must be done は〈助動詞＋受動態〉。

to solve は目的を表す不定詞の副詞的用法。

OUTPUT

STEP 1

INPUT に書かれている調査の結果は何ですか。空欄を埋めなさい。

(！ヒント)

結果	著者の意見
(1)約＿＿%の生徒は学校の課題にソーシャルメディアを使った。 →p. 72②	(5)(例)ソーシャルメディアはよりよく学ぶ助けとなる。 →p. 72④
(2)つらいときに奮闘しているティーンのうち60%がソーシャルメディアの友だちは彼らを＿＿くれると言った。 →p. 72⑦	(6) →p. 72⑧
(3)生徒の＿＿%以上がネットいじめを経験した。 →p. 74⑩	(7) →p. 74⑪
(4)その時のソーシャルメディアの中毒になっている生徒の数は3年前の人数の＿＿倍になった。 →p. 74⑫	(8) →p. 74⑬

STEP 2

ペアやグループで，ソーシャルメディアを使うことの利点を話し合いなさい。必要であればメモを取りなさい。

(！ヒント)

- ① ソーシャルメディアを使うことの利点は One of the advantages is that ～.「利点の1つは～ということである。」などと述べる。
- ② 不利な点を One of the disadvantages is that ～.「不利な点の1つは～ということである。」などと述べる。

① ソーシャルメディアを使うことの利点は何か。

② ソーシャルメディアを使うことの不利な点は何か。

(解答例)

① One of the advantages is that social media enables global communication. It can connect us with users from all around the world.
(利点の1つは，ソーシャルメディアはグローバルなコミュニケーションを可能にするということである。それは私たちを世界中からの使用者とつなぐことができる。)

② One of the disadvantages is that social media is highly addictive, especially for young people. Some people spend their whole day using it and ruin their lives, which leads to serious problems.
(不利な点の1つは，ソーシャルメディアは特に若者にとって非常に中毒性があるということである。中にはまる一日をそれを使うことに費やして生活をだめにしてしまう人がいる。これは深刻な問題につながる。)

STEP 3

ソーシャルメディアを使うことの利点と不利な点について少なくとも2つのパラグラフで100語程度の短いレポートを書きなさい。

!ヒント

・第1パラグラフで，ソーシャルメディアを使うことの利点について，第2パラグラフで，不利な点について述べるような構成を考えるとよい。

・Social media is beneficial to students, but sometimes it can put them in danger if they use it in a wrong way. To use social media safely, students should know about both its advantages and disadvantages.(ソーシャルメディアは生徒にとって有益であるが，もしそれを間違った方法で使うと，時に彼らを危険にさらしうる。ソーシャルメディアを安全に使用するために，生徒はその利点と不利な点の両方について知っておくべきである。)のように書き始めることができる。

・有利な点について述べるには，One advantage is that ～.「1つの利点は～ということである。」などの表現を使うとよい。

・不利な点について述べるには，The disadvantage is that ～.「不利な点は～ということである。」などの表現を使うことができる。第1パラグラフにつながるように，on the other hand(その一方で)などの表現を使って，第2パラグラフを書き始めるとよい。

・どちらかと言えば，ソーシャルメディアを使うことは有利だと考えるならば，不利な点に続けて，However, once users focus on more important commitments, it is not a big deal. Just like books and dictionaries, social media can be a great source of information.(しかし，ひとたび使用者がより重要な責任ある言動に注意を集中させるなら，それは大したことではない。本や辞書と全く同じように，ソーシャルメディアはすばらしい情報源になりうる。)のように書いて，Therefore, social media is advantageous for high school students.(それゆえに，ソーシャルメディアは高校生にとって有利である。)と締めくくることもできる。

Expressing similarity

1. Developments in computer technology increased the number of internet users. **Similarly**, the spread of smartphones raised the number of social media users.
(コンピューター技術の発展はインターネット使用者の数を増やした。同様に，スマートフォンの広まりはソーシャルメディア使用者の数を増やした。)
similarly は「同様に，同じように」という意味の副詞。形容詞形は similar「類似の，同様の」，名詞形は similarity「類似」。

2. Today, photo sharing social media is a popular means of communication. **Likewise**, video sharing sites function as a communication tool.
(今日，写真共有のソーシャルメディアは人気のあるコミュニケーション手段である。同様に，動画共有のサイトはコミュニケーションツールとしての機能を果たしている。)
likewise は「同様に，同じように」という意味の副詞。

3. People use social media to let others know about themselves. **In a similar way**, many companies share information via social media for commercial purposes.
(人々は他者に自分たち自身について知らせるためにソーシャルメディアを使う。同様に，多くの会社が商業的な目的でソーシャルメディアを通して情報を共有している。)
in a similar way は「同様に，同様の方法で」という意味。**1.** の similarly，**2.** の likewise とほぼ同じ意味を表し，副詞的に使う。

➡ People use social media to let others know about themselves. **Similarly** [**Likewise**], many companies share information via social media for commercial purposes.

4. **Just as** many people communicate with others through social media in their private time, many use it as a main communication tool in their workplaces.
(多くの人々がプライベートなときにソーシャルメディアを通して他者とコミュニケーションをとるのと全く同じように，多くの人々が職場で主なコミュニケーションツールとしてそれを使っている。)
just as ～で「～と全く同じように」という意味を表す。as は接続詞。

5. **As with** food, playing video games, and many other temptations of the modern age, excessive use of social media is not recommended.
(食べ物，テレビゲームをすること，そして現代の他の多くの誘惑物と同様に，ソーシャルメディアの過度な使用はすすめられない。)
as with ～で「～と同様に，～のように」という意味を表す。with の後には(動)名詞(句)がくる。

⇨ **As with** her earlier movies, the special effects in her latest one are brilliant.
(彼女の初期の映画と同様に，最新の映画の特殊効果はすばらしい。)

補充問題

1 日本語に合うように，(　)内の語を並べ替えなさい。

1. それは生徒が書く技術を向上させる助けとなる新しいツールである。
It is (a / helps / improve / new / that / tool / students) their writing skills.
It is ＿＿＿＿＿＿＿＿＿＿＿＿＿＿＿＿＿＿ their writing skills.
2. 彼女は私の 2 倍の数の本を読んでいる。
She has read (I / as / as / books / many / twice / have).
She has read ＿＿＿＿＿＿＿＿＿＿＿＿＿＿＿＿＿＿.
3. 使われ方次第で，それは危険な物になりうる。
(on / is / it / how / used / depending), it can be a dangerous item.
＿＿＿＿＿＿＿＿＿＿＿＿＿＿＿＿＿＿, it can be a dangerous item.
4. フランス人が自分たちのワインを愛しているのと全く同じように，イギリス人は自分たちのビールを愛している。
(as / the / just / love / wine / their / French), the British love their beer.
＿＿＿＿＿＿＿＿＿＿＿＿＿＿＿＿＿＿, the British love their beer.

2 次の日本語を，(　)内の語を使って英文に直しなさい。

1. それは私がそれまでに見た中で最も悪い映画の 1 つだった。(worst)
2. 彼女がうそをついていることは明白だった。(obvious)
3. 燃料価格が最近上がっている。同様に，食料品価格は著しく上昇している。(similar)
4. 父親と同様に，彼は詩人としてよく知られている。(with)

3 インターネットの情報を利用することの有利な点と不利な点について，あなたの考えを少なくとも 2 つのパラグラフで 100 語程度の英文で書きなさい。

Lesson 10 Are you a good user of social media?

INPUT

要約

あなたはソーシャルメディアの上手な使い方について講義を受けている。ソーシャルメディアにコメントを投稿するために，あなたはメモをとって生徒にしばしば起こるソーシャルメディアでのトラブルの避け方について学んでいる。

教科書本文

A. Problems of the new internet age

①Users //
使用者 //

②Internet users / used to be simply (1)__________ of content. //
インターネット使用者は / 単にコンテンツの(1)___であった //

↓

③Today, / they are also (2)__________ of content. //
今日 / 彼らはまたコンテンツの(2)___である //

④**New problem 1** // 新たな問題1 //	⑥**New problem 2** // 新たな問題2 //
⑤Posting illegal acts / to attract people's (3)__________. // 非合法の行為を投稿すること / 人々の(3)___を引きつけるために //	⑦Sharing (4)__________ and (5)__________ information. // (4)___と(5)___情報を共有すること //

B. Literacy for the new internet age

⑧Skills // 技術 //	⑨Details // 詳細 //
⑩(6)__________ skills // (6)___技術 //	・⑪Analyzing and interpreting the information / from various (9)__________ // 情報を分析し解釈すること / さまざまな(9)___から // ・⑫Judging / if the information is (10)__________ // 判断すること / 情報が(10)___かどうか //
⑬(7)__________ skills // (7)___技術 //	・⑭Using digital devices / and applications / to manage / and (11)__________ content // デジタルデバイスを使うこと / そしてアプリケーション / 管理する / そしてコンテンツを(11)___ //

⑮(8)________ (8)___技術 skills // //	・⑯Sharing information, / 情報を共有すること / (12)________ ideas / and opinions, / and 考えを(12)___ / そして意見 / (13)________ / to others / in appropriate ways // そして(13)___ / 他者に対して/ 適切な方法で //

語句と語法のガイド

content [ká(:)ntent]	名 コンテンツ，内容 ▶ この意味では不可算名詞
post [poʊst]	動 ～を投稿する
illegal [ɪlí:gəl]	形 違法の，非合法の ▶ legal 形 合法の
act [ækt]	名 行為，行い ▶ 動 行動する
attract [ətrækt]	動 ～を引きつける ▶ attraction 名 引きつけるもの
share [ʃeər]	動 ～を共有する
analyze [ǽnəlàɪz]	動 ～を分析する ▶ analysis 名 分析
interpret [ɪntə́:rprət]	動 ～を解釈する ▶ interpretation 名 解釈
various [véəriəs]	形 さまざまな ▶ variety 名 多種多様
judge [dʒʌdʒ]	動 ～を判断する ▶ judgment 名 判断
digital [dídʒətəl]	形 デジタル(方式)の
device [dɪváɪs]	名 装置，道具，デバイス
application [æ̀plɪkéɪʃən]	名 アプリケーション ▶ apply 動 ～を応用する
manage [mǽnɪdʒ]	動 ～を管理する ▶ management 名 管理
appropriate [əpróʊpriət]	形 適切な ▶ appropriately 副 適切に

本文内容チェック

インターネット新時代の問題点は，昔とは異なり，インターネット使用者がコンテンツに対して非合法な行為を投稿したりすることである。また，インターネット新時代のリテラシーとして，情報を分析し解釈する技術，デジタルデバイスやアプリケーションを使う技術などが挙げられている。

解説

② **Internet users used to be simply (1)___ of content.**

used to *do* は，「(以前は)～していた」という意味。

⑫ **Judging if the information is (10)___**

if 以下は「～かどうか」という意味の名詞節。

OUTPUT

STEP 1

下記の状況を読みなさい。**INPUT** の **Text B** で述べられているどの技術とそれぞれの状況が関係しているか。

（！ヒント）

1. ある日，納豆はある種のウイルスの感染を防止するという情報を広めた人々がいた。メアリーはこれを信じて店に駆けこんだ。彼女は数十パック買った。しかし，納豆にそのような効果があるという科学的な証拠は全くなかった。彼女は冷蔵庫の全てのパックの納豆を食べることができずに，最後にはそれらを捨てなければならなかった。

→ p.80 ⑩⑪⑫

2. ある日，ジョシュは学校へ行く途中に自動販売機でソーダを買った。その日，彼は少しいらいらしていて，理由もなく販売機を蹴った。幸運にも，もう1つ出てきた。彼はこれがおもしろい話だと思って，それをソーシャルメディアで共有した。後で，彼はさまざまな使用者からたくさんの怒りのコメントを受けて，自分のアカウントを削除しなければならなかった。

→ p.81⑮⑯

STEP 2

ペアやグループで，あなたがインターネットやソーシャルメディアを使うときに起こりうる問題にどのように対処するかについて話し合いなさい。必要であればメモを取りなさい。

（！ヒント）

・① インターネットやソーシャルメディアを使うときに起こりうる問題を，might(～かもしれない)，can(～の可能性がある)などを使って述べる。

・② ①で述べた問題をどのように避けることができるか，We should ～.「私たちは～するべきである。」，We can avoid it by *doing* ～.「私たちは～することによってそれを避けることができる。」などと述べる。

① インターネットやソーシャルメディアを使うときに，どのような種類の問題が起こりうるか。

② あなたたちはどのようにしてそれを避けることができるか。

（解答例）

① We might run the risk of believing and acting on false information.
(私たちは誤った情報を信じてそれに基づいて行動する危険を冒してしまうかもしれない。)

② If we are uncertain about the authenticity of an article, we should think twice or hold off on sharing it with others.
(もし記事の信ぴょう性について確信がないならば，私たちはよく考えるかそれを他人と共有することを保留するべきである。)

STEP 3

あなたはソーシャルメディアの適切な使用に対する意識についてのコメントを投稿するつもりである。少なくとも2つのパラグラフで100語程度の短いコメントを書きなさい。

！ヒント

・第1パラグラフの冒頭で，On social media, our posts might hurt somebody.（ソーシャルメディアでは，私たちの投稿は誰かを傷つけるかもしれない。）などと，ソーシャルメディアの使用に関して自分が一番心配だと思っていることを述べる。

・続けて，So, we must be responsible for the posts with the following in mind.（そこで，私たちは次のことを心に留めて投稿に責任を持たなければならない。）といった前置きを書いてから，私たちがするべきことを，We should ～.「私たちは～するべきである。」，We must ～.「私たちは～しなければならない」などの表現を使って述べる。2つ以上述べる際に，First, ～.「第1に，～。」，In addition, ～.「さらに，～。」などを使うことができる。

・内容を具体的に述べるために，because（～ので），as a result（その結果），if（もし～ならば）などの語句を使うとよい。

・最後に，Keeping good relationships with others is the key to avoiding trouble, and this is especially true on social media.（他者とよい関係を保つことはトラブルを避けることの鍵であって，これはソーシャルメディアにおいて特に真実である。）などと述べて，自分のコメントを締めくくることもできる。

Expressing reasons

1. It can be said that **because of** anonymity, people tend to become more aggressive than usual on certain social networking sites.
(匿名性のために，人々は特定のソーシャルネットワーキングサイトでいつもよりも攻撃的になる傾向があると言える。)
because of ～は「～のために，～のせいで」という意味。ofの後には(動)名詞(句)がくる。

2. **Due to** an increasing number of people who suffer from cyberbullying, we need new laws as soon as possible.
(ネットいじめに悩む人々の数が増加しているために，私たちはできるだけ早く新しい法律が必要である。)
due to ～は「～のために，～が原因で」という意味。because of ～が理由・原因を表す最も一般的な言い方で，due to ～は because of ～よりややかたい表現。

3. **As a result of** the rapid growth of social media, the ways we interact with others have changed a lot.
(ソーシャルメディアの急成長の結果，私たちが他者と交流する方法は大きく変化した。)
as a result of ～は「～の結果として」という意味。また，as a result は「結果として，結果的に」という意味。
⇨ **As a result of** the pilots' strike, all the flights were canceled.
(パイロットのストライキの結果として，全てのフライトが中止された。)

4. The number of social media users has been increasing. **For this reason**, there are a greater number of people who suffer from its overuse.
(ソーシャルメディア使用者の数が増えてきている。この理由から，その使いすぎに悩む人々がより多くいる。)
for this reason は「この理由から」という意味で，前の文を受けて理由を説明するときに用いる。通例文頭に置く。同様の表現に，This is why ～.「こういうわけで～。」がある。
⇨ He is very kind. **This is why** he is liked by everybody.
(彼はとても優しい。こういうわけで彼はみんなに好かれている。)

5. **Therefore**, we should stop spending too much time on social media.
(それゆえに，私たちはソーシャルメディアに多くの時間を費やしすぎるのをやめるべきである。)
therefore は「それゆえに，したがって」という意味の副詞。so よりもフォーマルな表現。

補充問題

1　日本語に合うように，(　)内の語句や符号を並べ替えなさい。

1. バーチャルな状況では，適切な方法で他者の意見に反応することが重要である。
Reacting (in / to / ways / appropriate / of others / the opinions) is important in virtual settings.
Reacting ________________________________ is ....

2. 私は台風のせいで家にいなければならなかった。
I had (to / of / home / stay / because / the typhoon).
I had ________________________________.

3. けがのために，私たちのキャプテンは試合から撤退せざるをえなかった。
(to / was / due / injury / forced / our captain / ,) to withdraw from the game.
________________________________ to withdraw from the game.

4. 大雨の結果として，その川は水かさが増した。
(a / heavy / of / as / rain / result), the river has risen.
________________________________, the river has risen.

2　次の日本語を，(　)内の語を使って英文に直しなさい。

1. その男性は10年前の彼とは全く違う。(used)

____

____

2. 彼の話が本当かどうか判断するのは難しかった。(judge)

____

____

3. 彼女の息子は熱があった。この理由から，彼女はいつもより早く帰宅した。(reason)

____

____

4. まだ議論するべきことがたくさんある。それゆえに，私たちは次の会議でこの項目に戻らなければならない。(therefore)

____

____

3　タブレットやスマートフォンを使って学習するときの，適切な使用法についての意見を書いています。あなたの考えを少なくとも2つのパラグラフで100語程度の英文で書きなさい。

____

____

____

Activate Discussion (1)

Situation

状況の要約

学校の新聞部の一員として，ソーシャルメディアを用いるときの問題についての記事を書こうとしている。そしてそれらを回避する方法について考えている。数人の生徒と議論をしている。

1. 4人グループを作り，司会役を選ぶ。
2. 話者は他のメンバーにソーシャルメディアを使っているときに遭遇した問題を述べ，回避する方法を発表する。
3. 司会役がそれらについてコメントする。次の話者に移る。
4. 司会役が議論の結論を出す。

Practice

議論しなさい：ソーシャルメディアを使うことの利点。

意見 (例)Social media enables us to learn more easily.
（ソーシャルメディアは私たちがより簡単に学習することを可能にしてくれる。）

！ヒント

・意見は Idea Box を参考にしてもよい。
・まずはソーシャルメディアによって自分たちが得られる利点を端的にまとめて述べる。その際に，Social media enables us to ～.「ソーシャルメディアは私たちが～することを可能にしてくれる。」や If we use social media in a good way, we can ～.「よい方法でソーシャルメディアを利用すれば，～することができる。」のような表現を用いることができる。
・次に先に述べた利点についての体験談を述べる。まずは，いつ・どこで・何をしていたのかをはっきりと述べることで，聞き手に状況を思い浮かべさせることが重要。
・At first, ～「初めのうちは～」，Then, ～「それから～」，Finally, ～「最終的には～」のような表現を用いることで，体験談について時系列に沿って何が起こったのかを明確に説明することができる。
・If I hadn't used social media, I would have[couldn't have] ～.「もしソーシャルメディアを使っていなかったら，～していただろう[～できなかっただろう]。」のように，仮定法過去完了を用いることで，ソーシャルメディアの利点を説明することができる。
・2人目の話者の冒頭で，I totally agree with ～.「～に全く同意します。」や I cannot agree with ～.「～には同意できません。」のような表現から入ると，1人目の話者の考えとのつながりを示すことができる。

Idea Box

・get updated information（最新の情報を得る）
・help build up communities（共同体を構築することに役立つ）
・promote products（製品の販売促進をする）
・share anything you like（自分の好きなものを何でもシェアする）

解答例

・Social media enables us to get up-to-date information.
（ソーシャルメディアは私たちが最新の情報を得ることを可能にしてくれる。）
・If we use social media in a good way, we can share anything we like.
（ソーシャルメディアをうまく利用すれば，好きなものを何でもシェアできる。）
・At first, I thought using social media would bring some trouble.
（初めのうちは，ソーシャルメディアを使うことで何か問題が起こるのではないかと思っていた。）
・Then, I realized how useful social media is when in trouble.
（それから，問題に巻き込まれたときにソーシャルメディアがどれほど役に立つのかがわかった。）
・Finally, I use social media whenever I need to check traffic conditions.
（ついには，交通状況を調べる必要があるときはいつでもソーシャルメディアを利用している。）
・If I hadn't used social media, I couldn't have made friends with him.
（もしソーシャルメディアを使っていなかったら，彼と友だちになれなかっただろう。）
・I totally agree with Alex.
（アレックスの意見に全く賛成だ。）
・I cannot agree with Hitomi.
（ヒトミには同意できない。）

Lesson 11 Lifetime employment or career changes?

INPUT

要約

あなたは現代社会の課題に取り組んでいるところである。あなたはオンラインチャットアプリを通して中途の転職に対する日本の終身雇用制度に関するディスカッションを読むつもりである。

教科書本文

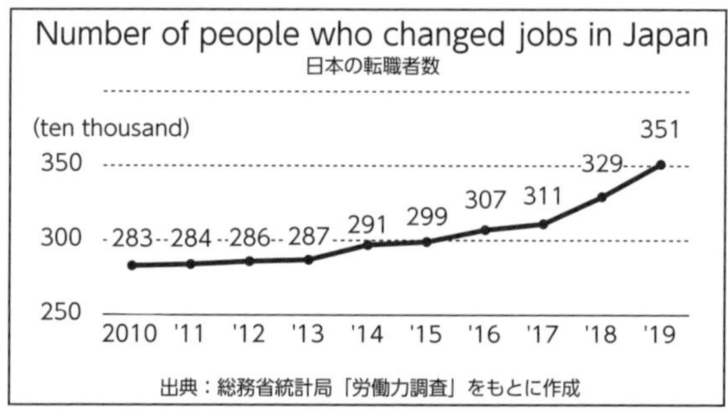

Emily: ① I saw a graph / that shows a gradual increase / in the number of people
私はグラフを見た / 徐々の増加を示している / 転職する人の数に

changing jobs / in Japan. // ②What do you think / of this trend? //
おいて / 日本で // あなたはどう思いますか / この傾向について //

Riku: ③I suppose / this increase suggests / how Japan's conventional lifetime
私は思う / この増加は示唆している / いかに日本の従来の終身雇用

employment system / is now declining. // ④It worked well / during Japan's long
制度が / 今衰退している // それはうまく機能した / 日本の長い期間の間

period / of postwar economic growth, / but I don't think / Japanese companies
に / 戦後の経済成長の / しかし私は思わない / 日本の会社は余裕が

can afford / to keep this system / any longer. //
ある / この制度を維持する / これ以上 //

Emily: ⑤I agree. // ⑥It may have played a major role / in Japan's economic
私は同意する // それは大きな役割を果たしたかもしれない / 日本の経済拡大にお

expansion, / but I think / it is now outdated. //
いて / しかし私は思う / それは今時代遅れである //

語句と語法のガイド

lifetime [láɪftàɪm] 名 一生，生涯

employment [ɪmplɔ́ɪmənt] 名 雇用 ▶ employ 動 ～を雇用する

career [kəríər] 名 職業，仕事

graph [græf] 名 グラフ

gradual [grǽdʒuəl]	形 段々の，徐々の ▶ gradually 副 段々と
increase [íŋkriːs]	名 増加 ▶ [ɪnkríːs] 動 増加する
trend [trend]	名 傾向 ▶ trendy 形 最新流行の
conventional [kənvénʃənəl]	形 従来の ▶ convention 名 慣習
system [sístəm]	名 制度，仕組み
decline [dɪkláɪn]	動 減少する，衰退する
period [píəriəd]	名 期間
postwar [pòustwɔ́ːr]	形 戦後の ▶ prewar 形 戦前の
economic [ìːkənɑ́(ː)mɪk]	形 経済の ▶ economy 名 経済
growth [grouθ]	名 成長 ▶ grow 動 成長する
agree [əgríː]	動 同意する ▶ disagree 動 不賛成である
major [méɪdʒər]	形 より大きな，主要な ▶ minor 形 より小さい
role [roul]	名 役割
expansion [ɪkspǽnʃən]	名 拡大 ▶ expand 動 拡大する
outdated [àutdéɪtɪd]	形 時代遅れの

本文内容チェック

リクは，日本における転職する人の数の増加は，今やいかに日本の従来の終身雇用制度が衰退しているかを示唆している，と述べている。また，エミリーは，その制度は日本の経済拡大に大きな役割を果たしたかもしれないが，今では時代遅れだ，と述べている。

解説

① **I saw a graph that shows a gradual increase in the number of people changing jobs in Japan.**

that は主格の関係代名詞。先行詞は a graph。

the number of ～で「～の数」という意味を表す。

changing は現在分詞で，people を後ろから修飾している。

④ **It worked well during Japan's long period of postwar economic growth, but I don't think Japanese companies can afford to keep this system any longer.**

It は Japan's conventional lifetime employment system を指す。

work は「機能する」という意味の自動詞。

don't think (that) ～で「～でないと思う」という意味を表す。

can afford to *do* は「～する余裕がある」という意味。

any longer「もはや，これ以上」という意味。

⑥ **It may have played a major role in Japan's economic expansion, ….**

may have *done* は「～した[だった]かもしれない」と過去の事柄に対する現在の推量を表す。

play a ～ role in ... は「…で～の役割を果たす」という意味。

Misaki: ⑦Changing jobs / in itself / is not bad, / but the lifetime employment
転職すること / それ自体 / 悪くはない / しかし終身雇用制度に
system does have some advantages. // ⑧If companies guarantee lifetime status /
は確かにいくつかの利点がある // もし会社が一生涯の地位を保証すれば /
for their employees, / many workers feel loyalty / and make the utmost efforts /
従業員に対して / 多くの働き手は忠誠心を感じる / そして最大限の努力をする /
with their jobs. //
自分たちの仕事に //

Emily: ⑨But the system can also discourage workers / from working hard. //
でも制度はまた働き手を思いとどまらせることがある / 一生懸命働くことを //
⑩Many companies have already introduced a wage system / based on job
多くの会社はすでに賃金制度を導入した / 仕事の評価に
evaluation, / and have stopped hiring / only new graduates. //
基づく / そして雇うことをやめた / 新卒者だけを //

Riku: ⑪That's right. // ⑫That is likely / to motivate workers / and encourage
その通り // それは可能性が高い / 働き手の意欲を起こさせる / そして中
mid-career job changes. // ⑬More labor mobility will potentially lead / to higher
途での転職を促す // より多くの労働移動性は可能性としてつながるだろう / より
economic growth / in the future. //
高い経済成長に / 将来 //

Misaki: ⑭That may be true. // ⑮But workers need / to feel protected / by their
それは本当かもしれない // でも働き手は必要である / 守られていると感じること / 自分たちの
companies / and be assured / that employers will not lay them off, / even in a
会社によって / そして確信すること / 雇用者は自分たちを解雇しないだろう /
severe economic downturn. //
厳しい景気停滞時でさえ //

語句と語法のガイド

advantage [ədvǽntɪdʒ] 名 利点 ▶ disadvantage 名 不利な点

guarantee [gæ̀rəntíː] 動 ～を保証する

status [stéɪtəs] 名 資格，地位

employee [ɪmplɔ́ɪiː] 名 従業員 ▶ employer 名 雇用者

loyalty [lɔ́ɪəlti] 名 誠実さ，忠誠 ▶ loyal 形 忠誠な

utmost [ʌ́tmòʊst] 形 最大限の，この上ない

effort [éfərt] 名 努力 ▶ make an effort 熟 努力する

discourage [dɪskə́ːrɪdʒ] 動 ～を妨害する
▶ discourage O from *doing* 熟 O に～することを思いとどまらせる
encourage 動 ～を励ます

introduce [ìntrədjúːs] 動 ～を導入する ▶ introduction 名 導入

wage [weɪdʒ] 名 賃金

based on ～	熟 ～に基づいて
evaluation [ɪvæljuéɪʃən]	名 評価 ▶ evaluate 動 ～を評価する
hire [háɪər]	動 ～を雇う
graduate [grǽdʒuət]	名 卒業生 ▶ [grǽdʒuèɪt] 動 卒業する
be likely to *do*	熟 ～しそうである，～する可能性が高い
motivate [móʊtəvèɪt]	動 ～の意欲を起こさせる ▶ motivation 名 動機
mid-career [mìdkəríər]	形 職歴の中途での
labor [léɪbər]	名 労働
mobility [moʊbíləti]	名 移動性 ▶ mobile 形 流動的な
potentially [pəténʃəli]	副 可能性として ▶ potential 名 可能性
lead to ～	熟 ～をもたらす，～につながる
protect [prətékt]	動 ～を守る ▶ protection 名 保護
assured [əʃúərd]	形 確信して
lay off ～	熟 ～を(一時)解雇する
severe [sɪvíər]	形 厳しい，深刻な
downturn [dáʊntə̀ːrn]	名 停滞，下向き，沈滞

本文内容チェック

ミサキは，終身雇用制度の利点として，もし会社が従業員に終身雇用を保証すれば，多くの働き手は忠誠心を持ち，仕事に最大限の努力をする，と述べている。一方，エミリーは，その制度は働き手に一生懸命働く気を失わせることがある，と言う。また，リクは，仕事の評価に基づく賃金制度や，新卒者のみを採用するのをやめることが，働き手のやる気を起こさせ，中途での転職を促すだろう，と述べている。それに対して，ミサキは，働き手は自分の会社に守られていると感じ，厳しい景気停滞時でさえ，雇用者は自分たちを解雇しないと安心する必要がある，と言う。

解説

⑦ **Changing jobs in itself is not bad, but the lifetime employment system does have some advantages.**

Changing は動名詞。in itself は「それ自体は」という意味。
does は強調を表す助動詞で，「本当に～，確かに～」などと訳すとよい。

⑩ **Many companies have already introduced a wage system based on job evaluation, and have stopped hiring only new graduates.**

Many companies have already introduced ..., and have stopped .... という構造。
based on ～は「～に基づいて」という意味。based on job evaluation が a wage system を後ろから修飾している。

⑮ **But workers need to feel protected by their companies and be assured that employers will not lay them off, even in a severe economic downturn.**

But workers need to feel ... and be assured .... という構造。
be assured that ～で「～だと確信している」という意味。
them は workers を指す。

OUTPUT

STEP 1

1. エミリー，リク，ミサキは日本の従来の終身雇用制度に賛成か，それとも反対か。彼または彼女の意見を表す単語を丸で囲みなさい。

日本の終身雇用制度

賛成／反対	賛成／反対	賛成／反対
エミリー	リク	ミサキ
→ p. 88⑤⑥，p. 90⑨⑩	→ p. 88③④，p. 90⑪⑫⑬	→ p. 90⑦⑧⑭⑮

2. ディスカッションによると，日本で終身雇用制度が最も成功したのはいつか。

→ p. 88④

STEP 2

ペアやグループで，転職と対比して日本の終身雇用制度について意見を交換しなさい。必要ならば，メモを取りなさい。

！ヒント

・①a. 終身雇用と転職のどちらを支持するか, 述べる。I support ～.「私は～を支持する。」と述べればよい。

b. ①a. の意見について，従業員にとっての利点を述べる。Employees can ～.「従業員は～することができる。」などの表現を使うことができる。転職を支持する立場で，～ will change as they age.「彼らが年をとるにつれて，～は変化する。」などと書くことができる。

・②a. ①a. の意見について，会社にとっての利点を述べる。Employees feel ～ to their companies.「従業員は会社に～を感じる。」などの表現を使うことができる。

b. 会社が②a. を促進するために何をすることができるかを述べる。Companies can ～.「会社は～することができる。」やI think it is important for companies to ～.「私は会社が～することが大切だと思う。」などの表現を使うとよい。

①a. あなたはどちらを支持するか。終身雇用か，それとも転職か。

b. 従業員にとって，あなたの選択の利点は何か。

②a. 会社にとって，あなたの選択の利点は何か。

b. 会社はそれを促進するために何をすることができるか。

解答例

①a. I support lifetime employment.(私は終身雇用を支持する。)

b. Employees can have job security, which provides a sense of belonging to their companies.
(従業員は仕事の保証が得られる。それは会社への帰属意識を与える。)

②a. Employees feel a sense of loyalty to their companies and make their best efforts to do their jobs.
(従業員は会社に忠誠心を感じて，仕事をするのに最大限の努力をする。)

b. Companies can provide their employees with a range of benefits, such as bonuses.

（会社は従業員にボーナスなど，さまざまな手当を与えることができる。）

STEP 3

あなたは日本の終身雇用と転職について課題を書いている。あなたがどちらの立場を支持するのか，そしてなぜそれを支持するのかを含めなさい。少なくとも２つのパラグラフで 100 語程度を書きなさい。

！ヒント

・第１パラグラフの冒頭で，I support ～ more than ....「私は…よりも～を支持する。」などと，終身雇用と転職のどちらの立場を支持するかを述べる。

・続けて，In this rapidly changing society, it will be rare for employees to stay at the same company throughout their working life.（この急速に変化する社会において，従業員が職業人生を通して同じ会社に居続けることはまれだろう。）といった現状を述べてから，自分の選択した意見の従業員にとっての利点を述べるとよい。～ , so it is natural that they change jobs at some point.「～ので，彼らがある時点で転職することは当然である。」といった形でまとめることができる。

・第２パラグラフでは，自分の選択した意見の会社にとっての利点を，More workers changing jobs is also good for companies because they can hire ～ .「会社は～を雇うことができるので，より多くの転職する働き手はまた会社にとってもよい。」などと述べるとよい。In other words（言い換えると）などの語句も使って，内容を深めることができる。

・最後に，I think it is important for companies to stop hiring only new graduates and to further promote the benefits of mid-career employment.（私は会社は新卒者のみを雇うことをやめて中途雇用の福利厚生をさらに促進することが大切だと思う。）などと述べて，締めくくることもできる。

Expressing probability

1. Many employees **are likely to** work remotely during a pandemic.
(多くの従業員が世界的流行病が起こっている間リモートで働く可能性が高い。)
be likely to *do* は「〜する可能性が高い」という意味。It is likely that 〜. で書き換えられる。
➡ **It is likely that** many employees work remotely during a pandemic.

2. **Chances are that** the new salary system will not work.
(おそらく新しい給与制度は機能しないだろう。)
Chances are that 〜. で「おそらく〜だろう。」という意味を表す。chance は「見込み」という意味の名詞。that 以下には〈S + V〜〉が続く。The chances that 〜. も同じ意味。
⇨ **The chances that** he will pass the exam are remote.
(彼がその試験に受かる見込みはまずない。)

3. **It is probable that** the company will hire more elderly workers.
(おそらくその会社はより多くの高齢の労働者を雇うだろう。)
It is probable that 〜. で「おそらく〜だろう。」という意味を表す。that 以下には〈S + V 〜〉が続く。文全体を修飾する副詞 probably を使って言い換えることができる。
➡ The company will **probably** hire more elderly workers.

4. All employees **definitely** deserve to be happy in their workplaces.
(全ての従業員が絶対に自分たちの職場で幸せになる権利がある。)
definitely は「絶対に，間違いなく」という意味の副詞。

5. **It is often the case that** experiences lead to success in one's career.
(経験が人の職業において成功につながることがよくある。)
It is often the case that 〜. で「〜であることがよくある。」という意味を表す。that 以下には〈S + V 〜〉が続く。類似の表現，as is often the case with 〜は「〜によくあることだが」という意味。
⇨ **As is often the case with** her, she was late for the meeting yesterday.
(彼女によくあることだが，昨日会議に遅刻した。)

補充問題

1 日本語に合うように，（ ）内の語句を並べ替えなさい。ただし，不足している1語を補うこと。

1. 外国人観光客の数の急激な増加を示すグラフを見てください。
Look at (in / shows / increase / a sharp / the number / the graph) of foreign tourists.
Look at ______________________________ of foreign tourists.

2. 私たちはもはや家を待つ余裕がない。
We (to / any / have / can't / longer / a house).
We ______________________________.

3. おそらくトムは会議に遅れるだろう。
(be / are / Tom / that / will) late for the meeting.
______________________________ late for the meeting.

4. 正直さが報われないことがよくある。
(is / it / the / that / often) honesty doesn't pay.
______________________________ honesty doesn't pay.

2 次の日本語を，（ ）内の語を使って英文に直しなさい。

1. 私は彼がドラマで重要な役割を果たしていないと思う。(don't)

2. メアリーはまだ到着していない。彼女はバスに乗り遅れたかもしれない。(may)

3. 天気予報によると，台風は日本に接近する可能性が高い。(likely)

4. おそらく私のおじは仕事を失うだろう。(probable)

3 在宅勤務と職場勤務のうち，あなたはどちらがしてみたいですか。理由を含め，あなたの考えを少なくとも2つのパラグラフで100語程度の英文で書きなさい。

Lesson 12 Diversity in the workplace

INPUT

要約

社会における多様性についてレポートを書くために，あなたは職場での多様性を議論するテレビ番組を見る予定である。ジャーナリストが日本の職場における多様性の促進の仕方について話している。

教科書本文

Promoting diversity in the Japanese workplace

A ①More (1)__________ / in the workplace //
より(1)___ / 職場で //

⇒ ②It is necessary / that companies extend (2)__________. //
必要がある / 会社が(2)___を広げる //

B ③More (3)__________ / in the workplace //
より(3)___ / 職場で //

⇒ ④It is necessary / to take care of their difficulties / in (4)__________ / in Japan, / such as the language barrier. //
必要がある / 彼らの困難に対処する / (4)___における / 日本で / 例えば言語の壁のような //

C ⑤More (5)__________ / in the workplace //
より(5)___ / 職場で //

⑥ The share of women in management roles in Japan //
日本の管理業務における女性の占有率 //

⑦2020 /
2020 /

(6)__________ % //
(6)___% //

➡

⑧Target to be achieved by /
達成されなければならない目標 /

(7)__________ /
(7)___ /

30% //
30% //

⬇

⑨A diverse and inclusive work environment //
多様で包括的な職場環境 //

⬇

⑩ All workers can (8)______________. //
全ての労働者が(8)___できる //

⑪ It will bring (9)______________ to companies. //
それは会社に(9)___をもたらすだろう //

語句と語法のガイド

diversity [dəvə́ːrsəti] 名 多様性 ▶ diverse 形 多様な

workplace [wə́ːrkplèɪs] 名 職場

promote [prəmóʊt] 動 ～を促進する ▶ promotion 名 促進

necessary [nésəsèri] 形 必要な ▶ necessity 名 必要(性)

extend [ɪksténd] 動 ～を広げる ▶ extension 名 延長

difficulty [dífɪkəlti] 名 困難さ ▶ difficult 形 難しい

barrier [bǽriər] 名 壁，障害

share [ʃeər] 名 占有率，シェア

management [mǽnɪdʒmənt] 名 経営，管理 ▶ manage 動 ～を経営する

target [tɑ́ːrgət] 名 目標

achieve [ətʃíːv] 動 ～を達成する ▶ achievement 名 達成

inclusive [ɪnklúːsɪv] 形 包括的な ▶ include 動 ～を含む

environment [ɪnváɪərənmənt] 名 環境

本文内容チェック

日本の職場で多様性を促進する３つの方法が述べられている。そこには言語の壁に対処することや経営的役割における女性の占有率の目標などが含まれる。多様で包括的な職場環境を作ることは重要である。

解説

② **It is necessary that companies extend (2)____.**

It は形式主語で，that 以下が真主語。

④ **It is necessary to take care of their difficulties in (4)____ in Japan, such as the language barrier.**

It は形式主語で，to 以下が真主語。

such as ～は「例えば～など」という意味。

⑧ **Target to be achieved by (7)____**

to be achieved は不定詞の受動態で，ここでは形容詞的用法。

OUTPUT

STEP 1

1. 「多様性」は広範な分野にわたる人々の間の差異や違いと定義することができる。どのような異なる種類の多様性が **INPUT** の (A), (B), (C) で述べられているか。

多様性の種類

(A)____→ p. 96①②, (B)____→ p. 96③④, (C)____→ p. 96⑤⑥⑦⑧, 文化, 宗教, 教育, 政治理念, 性的指向, 能力, 収入レベル…

2. (a) 社会において, どこであなたは人々の最も多様な集団を見つけますか。

地域社会, 学校, 職場, 政府, 日本…

(b) どのような種類の多様性が(a)にありますか。

STEP 2

ペアやグループで, 社会における多様性について話し合いなさい。必要であればメモを取りなさい。

(！ヒント)

・①a. 社会のどこで多様性が最も必要とされていると思うか, In my opinion, diversity is most needed in 〜.「私の意見では, 多様性は〜において最も必要とされている。」などと述べればよい。

b. ①a. のように思う理由を, That is because 〜.「なぜなら〜だからだ。」や If there is more diversity, 〜.「もしより多様性があれば, 〜。」などの表現を使って述べる。

・② ①a. で選んだ場所において, どのようにして多様性を促進することができるか, 述べる。To promote diversity, 〜 should ....「多様性を促進するために, 〜は…するべきである。」などの表現を使うことができる。

①a. 社会のどこで多様性が最も必要とされているとあなたは思いますか。

b. なぜそのように思いますか。

② あなたが選んだ場所において私たちはどのようにして多様性を促進することができますか。

(解答例)

①a. In my opinion, diversity is most needed in schools.
(私の意見では, 多様性は学校において最も必要とされている。)

b. That is because students can develop an understanding of the perspectives of others with different backgrounds.
(それは生徒はさまざまな背景を持つ他の生徒の見方への理解を深めることができるからだ。)

② To promote diversity, teachers should give students more chances to learn about their own differences in backgrounds, religion, personality, gender, and so on.
(多様性を促進するために, 教師は生徒に生い立ち, 宗教, 個性, 性別などにおける自分たち自身の違いについてより多くの学ぶ機会を与えるべきである。)

STEP 3

あなたは社会の多様性について短いレポートを書くつもりである。社会のどこで多様性が最も必要とされているか，そしてそこでそれをどのように促進するべきかを含めなさい。少なくとも2つのパラグラフで100語程度を書きなさい。

(！ヒント)

・第1パラグラフの冒頭で，In my opinion, an understanding of diversity is needed in ～.「私の意見では，多様性の理解は～において必要とされている。」などと，自分が社会のどこで多様性が最も必要とされていると思うか，述べる。

・そのように思う理由を，If there is more of this, ～.「もしこれがもっとあれば，～。」などと続けて書く。さらに，具体例などを続けるとよい。例えば，each worker's different personal needs(それぞれの働き手のさまざまな個人的な必要性)について，通院や育児，介護，長距離通勤などといった具体例を挙げて説明する。

・第2パラグラフでは，その場所でどのように多様性を促進するべきか，述べる。最初に，To promote diversity, ～ should ....「多様性を促進するために，～は…するべきである。」などと書くとよい。次に, Then ～ can ....「そうすれば～は…することができる。」などと続けると，文の流れがスムーズになる。

・例えば, Workers can choose the working style that will help them perform their best.(働き手は自分たちが最善を尽くすことを助ける働き方を選択することができる。)を受けて，This right to choose will encourage workers to cooperate with each other even if their working styles are different.(この選択する権利は，たとえ働き方が異なったとしても，働き手がお互いに協力し合うことを促すだろう。)のように締めくくると，まとまりのある文章になる。

>>> Expressing further information <<<

1. Japan is a rapidly aging society, **which** will mean more elderly employees.
(日本は急速に高齢化している社会である。そしてこのことはより多くの高齢の労働者を意味するだろう。)
関係代名詞 which の非限定用法。直前の節[文]全体またはその一部を先行詞とすることがある。
⇨ The boy said nothing, **which** made his mother angry.
(その少年は何も言わなかったが，そのことが母親を怒らせた。)
which の先行詞は直前の節全体(The boy said nothing)

2. The company is trying to employ people from different backgrounds, **with** diversity as one of its aims.
(その会社は，多様性をその目標の1つとして持ち，異なる背景の人々を雇用しようとしている。)
with は付帯状況を表す前置詞。
⇨ She was listening to music **with** her eyes closed.
(彼女は目を閉じて音楽を聞いていた。)

3. A good work atmosphere has a positive impact on workers, **increasing** their efficiency and productivity.
(よい仕事環境は労働者にプラスの影響を与えて，彼らの効率や生産性を高める。)
「Aしてその結果Bする」というように，BがAの動作の結果であるとき，Bに分詞構文を用いることがある。
➡ A good work atmosphere has a positive impact on workers **and increases** their efficiency and productivity.

4. I want to work three days a week, **instead of** working full-time.
(私は，フルタイムで働く代わりに，週に3日働きたい。)
instead of ～は「～の代わりに，～しないで」という意味。of の後には(動)名詞(句)がくる。

5. Women tend to take charge of nursing **as well as** unpaid domestic work.
(女性は無給の家事だけでなく介護も引き受ける傾向がある。)
A as well as B は「BだけでなくAも，AもBも」という意味。
➡ Women tend to take charge of **not only** unpaid domestic work **but also** nursing.

補充問題

1 日本語に合うように，( )内の語句や符号を並べ替えなさい。ただし，不足している1語を補うこと。

1. あなたはすぐに出発することが必要である。
(is / it / you / that / start) at once.
______________________ at once.

2. 生産性はしばしば達成しなければならない目標として考えられる。
Productivity is often (as / be / considered / achieved / a target).
Productivity is often ______________________.

3. その電車は8時に名古屋駅を出て，10時に東京駅に着いた。
The train left Nagoya Station (at / Tokyo Station / at eight / at ten / ,).
The train left Nagoya Station ______________________.

4. 私は博物館にバスで行く代わりに，歩いて行った。
I walked to the museum (there / by / going / instead / bus).
I walked to the museum ______________________.

2 次の日本語を，( )内の語を使って英文に直しなさい。

1. 最悪の事態に備えることが必要である。(to)

2. 彼女は病気で寝ていると言ったが，それはうそだった。(which)

3. 手をポケットに入れて立っている男の人は誰ですか。(with)

4. その新しい従業員は知識だけでなく経験もある。(well)

3 学校生活においては，どのような場面で多様性が必要とされていると思いますか。あなたの考えを少なくとも2つのパラグラフで100語程度の英文で書きなさい。

Activate Paragraph Writing (2)

Situation

状況の要約

クラスメイトと一緒に人生計画について考えるグループプロジェクトに取り組んでいる。会社情報の例としてウェブサイト上の広告を見て，E メールを使って考えを交換している。

トゥモロー・コーポレーション

従業員数：4,500 人(性別割合：男性 68%　女性 32%)

従業員の平均年齢：42 歳

休日：週末，祝日(年間 120 日以上)

平均年収：825 万円(年 2 回のボーナスを含む)

平均残業時間：月 40 時間

その他：残業手当，住宅通勤手当，家族手当，育児休暇

Practice

クラスメイトに対して，200 語程度の 3 パラグラフ構成で自分の考えを書きなさい。

主題文 I think you should look at ____________.
(～に目を向けるべきだと思います。)

！ヒント

- 主題文の下線部分に入れる語句は，Idea Box を参考にしてもよい。
- まずは主題文で，自分の人生計画を考える上で重要だと思う項目を述べる。
- 第 1 パラグラフでは主題文で述べた項目に関して Tomorrow Cooperation 社の場合はどのように説明できるかを述べる。According to the ad, ～「広告によれば，～」や The advertisement says that ～.「広告には～と書かれています。」などの表現を用いることで，Tomorrow Cooperation 社の説明ができる。
- 第 2 パラグラフでは，第 1 パラグラフで述べた主題文とその説明についての理由を支持文として述べる必要がある。～ means that ....「～は…ということである。」のように主語の部分に自分の選んだ項目を加えることで，主題文の理由を説明する。
- 支持文を付け加えるときは，Moreover「その上」を用いることができる。
- 第 3 パラグラフで結論文を書く際に，まずはここまでのまとめとして支持文で述べた内容を手短にまとめる。そして最後の一文として，E メールの受信者が Tomorrow Cooperation 社についてどのように感じるかを，You would ... if you were to work for the company.「もしこの会社で働くとなると，あなたは～だろう。」のように表現できる。

Idea Box

・the number of employees(従業員の数)
・how many paid holidays a year you can get(一年で何日有給休暇が取れるか)
・average salary(平均給与)
・The parental leave is important because ...(育児休暇は重要である。なぜなら…)
・during holidays(休暇期間中)
・live a wealthier life than average(平均よりも豊かな生活を送る)
・during maternity leave(育児休暇中)
・This is the most essential purpose for me.(私にとってはこれが最も不可欠な目的である。)

解答例

・I think you should look at average salary.
(平均給与に目を向けるべきだと思う。)
・According to the ad, you would be able to take parental leave.
(広告によると，育児休暇を取ることができるようである。)
・The advertisement says that the average salary of the company is 8 million 250 thousand yen a year.
(広告によれば，その会社の平均年収は825万円だ。)
・The large number of employees means that the company has been very successful in the industry.
(従業員の数が多いということは，その会社が業界でとても成功してきたことを意味している。)
・Moreover, housing and commuting allowance can make it possible for employees to live in a big house in the suburbs.
(その上，住宅手当と通勤手当を受け取ることができるので，従業員は郊外の大きな家に暮らすことができる。)
・You would be satisfied if you were to work for the company.
(もしこの会社に勤めることになれば，あなたは満足することだろう。)

Lesson 13 The rise of the cashless society

INPUT

要約

あなたは最近電子決済システムを初めて使い，そのメリットとデメリットに興味を持ったので，授業の課題のトピックに選んだ。あなたはキャッシュレス社会について次の記事を読んでいる。

教科書本文

A. Electronic payment makes life easier

①More and more people are making payments / without using cash. // ②One way
決済する人が増えている / 現金を使わないで // 1つの方法は

is / to read the QR code / placed in front of the cash register / and pay / with your
/ QR コードを読み取ること / レジの前に置かれた / そして決済する / 自分のス

smartphones. // ③Alternatively, / shoppers can have the cashier scan the QR code /
マートフォンで // あるいは / 買い物客がレジ係に QR コードを読み取ってもらう /

displayed on their phone. // ④It's easy / to use, / and if you have never used it, /
自分のスマートフォンに表示された // 簡単である / 使うことは / そしてもしあなたがそれを使ったことがないならば /

you should try it. //
あなたはそれを試してみるべきである //

⑤One of the advantages / of electronic payments is / that you don't need / to
利点の1つは / 電子決済の / あなたは必要がない / 現

carry cash / if you have a card / or access / to a smartphone. // ⑥In other words, /
金を持ち歩くこと / もしあなたがカードを持っていれば / または利用権 / スマートフォンの // 言い換えれば /

you don't have to worry about / how much money you have / in your wallet. //
あなたは心配する必要がない / あなたがいくら持っているか / あなたの財布の中に //

⑦Another advantage is / the speed / of the payment process, / which allows you /
もう1つの利点は / 速度 / 決済のプロセスの / それはあなたを可能にする /

to make purchases more quickly. // ⑧Electronic payments are also beneficial / to
よりすばやく購入することを // 電子決済はまた有益である / 店

the store. // ⑨The speedy payment / makes the checkout process more efficient /
にとって // 速い決済 / 精算のプロセスをより効率的にする /

and reduces labor costs. // ⑩It also reduces the amount of cash / kept in the store, /
そして人件費を減らす // それはまた現金の量を減らす / 店内に保管される /

which is a good security measure. // ⑪Thus, / electronic payments are beneficial /
それはよいセキュリティ対策である // このように / 電子決済は有益である /

to both customers / and stores. //
客にも / そして店に //

語句と語法のガイド

cashless [kǽʃləs] 形 現金のいらない ▶ cash 名 現金

society [səsáɪəti]	名 社会 ▶ social 形 社会の
payment [péɪmənt]	名 支払い，決済 ▶ pay 動 ～を支払う
place [pleɪs]	動 ～を置く
register [rédʒɪstər]	名 レジ(スター) ▶ = cash register
alternatively [ɔːltə́ːrnətɪvli]	副 あるいは ▶ alternative 形 別の，名 代わり
cashier [kæʃíər]	名 レジ係
scan [skæn]	動 ～を読み取る，～を取り込む
display [dɪspléɪ]	動 ～を表示する
electronic [ɪlèktrɑ́(ː)nɪk]	形 電子の ▶ electronic payment 熟 電子決済
access [ǽkses]	名 〈場所・物などを〉利用する権利
in other words	熟 言い換えれば，つまり
purchase [pə́ːrtʃəs]	名 購入 ▶ make a purchase 熟 購入する
beneficial [bènɪfíʃəl]	形 有益な ▶ benefit 名 利益，恩恵
checkout [tʃékàʊt]	名 レジ，代金精算
efficient [ɪfíʃənt]	形 効率的な ▶ efficiently 副 効率的に
reduce [rɪdjúːs]	動 ～を削減する ▶ reduction 名 削減
labor [léɪbər]	名 労働，労働者 ▶ labor costs 熟 人件費
security [sɪkjúərəti]	名 安全 ▶ secure 形 安全な
measure [méʒər]	名 対策，措置

本文内容チェック

電子決済は客にも店にもメリットがある。客にとってのメリットは，現金を持ち歩く必要がなく，決済のスピードが速いので，より素早く買い物ができる。また，店側にとっては，レジ業務が効率化され，人件費が削減される。また，店内に保管する現金の量が減り，セキュリティ対策にもなる。

解説

② **One way is to read the QR code placed in front of the cash register and pay ....**

to read は不定詞の名詞的用法。to read ... and pay ... という構造。
placed は過去分詞の形容詞的用法で，the QR code を後ろから修飾している。

③ **... shoppers can have the cashier scan the QR code displayed on their phone.**

have は使役動詞。〈have + O +原形不定詞〉で「O に～させる，O に～してもらう」の意味。
displayed は過去分詞の形容詞的用法で，the QR code を後ろから修飾している。

⑦ **... the speed of the payment process, which allows you to make purchases ....**

which は非限定用法の関係代名詞。先行詞は the speed of the payment process。
〈allow + O + to *do*〉は「O が～することを可能にする」という意味。

⑨ **The speedy payment makes the checkout process more efficient ....**

〈make + O + C〉は「O を C(状態)にする」という意味。

⑩ **It also reduces the amount of cash kept in the store, which is a good security ....**

kept は過去分詞の形容詞的用法で，cash を後ろから修飾している。
which は非限定用法の関係代名詞。先行詞は前の節[文]全体。

B. Subject: Will they know what we're buying?

⑫Posted by Kay (May 16th, 2024) //
ケイによる投稿(2024年5月16日) //

⑬Electronic payments are certainly convenient, / but won't they give companies access / to our purchasing information? // ⑭It seems / to me / that our society is becoming more and more controlled. // ⑮Also, / what will happen / if we lose our smartphone / or the battery runs out? // ⑯I'm afraid / of becoming too dependent / on my phone. //

電子決済は確かに便利である / しかしそれらは会社がアクセスできるようにするのではないだろうか / 私たちの購買情報に // 思われる / 私にとって / 私たちの社会がますます管理されるようになっている // また / どうなるだろうか / もし私たちがスマートフォンをなくしたら / またはバッテリーが切れたら // 私は恐れている / 依存しすぎること / 私の電話に //

語句と語法のガイド

post [poʊst]	動 ～を投稿する
certainly [sə́:rtənli]	副 確かに ▶ certain 形 確かな
convenient [kənví:niənt]	形 便利な ▶ convenience 名 便利
purchase [pə́:rtʃəs]	動 ～を購入する
controlled [kəntróʊld]	形 管理された ▶ control 動 ～を管理する
battery [bǽtəri]	名 バッテリー
run out	熟 なくなる，尽きる
(be) dependent on ～	熟 ～に依存している ▶ depend on ～ 熟 ～に依存する

本文内容チェック

ケイは，電子決済は確かに便利だが，購買情報が企業に渡り，ますます管理社会になっていくように思われる，と投稿している。また，スマートフォンを紛失したり，バッテリーが切れたりしたらどうなるのか，と疑問を呈して，スマートフォンに依存しすぎるのは怖いと感じると述べている。

解説

⑬ **Electronic payments are certainly convenient, but won't they give companies access to our purchasing information?**

won't they ...? は否定疑問文。

they は electronic payments を指す。

give 〜 access to ... は「〜が…にアクセス[を利用]できるようにする」という意味。

⑭ **It seems to me that our society is becoming more and more controlled.**

It seems that 〜. は「〜のように思われる。」という意味。to me「私には」は挿入語句。〈比較級＋ and ＋比較級〉で「ますます〜，だんだん〜」という意味を表す。

⑯ **I'm afraid of becoming too dependent on my phone.**

be afraid of 〜は「〜を恐れている」という意味。

becoming は動名詞。become dependent は「依存するようになる」という意味で「変化」を表す。

OUTPUT

STEP 1

あなたが読んだ **INPUT** によると，電子決済のメリットとデメリットは何か。空欄を埋めなさい。

電子決済のメリット	電子決済のデメリット
客にとって 私たちは現金を持ち歩く必要がない。 私たちは(1)＿＿できる。 → p.104 ⑤⑥⑦	(4)＿＿が会社に送られる。 私たちは(5)＿＿とき，それを使うことができない。 → p. 106 ⑬⑭⑮
店にとって (2)＿＿を減らす (3)＿＿を減らす → p. 104 ⑧⑨⑩	

STEP 2

あなたは **INPUT** からの情報をまとめて，自分自身のアイデアを考えている。ペアやグループで話しなさい。必要であればメモを取りなさい。

（！ヒント）

・①a. 電子決済システムを，It is a system that ～.「それは～といったシステムである。」などと説明する。ここでの that は関係代名詞。
　b. 思いつく具体例を述べる。I を主語にするとよい。
・② 電子決済システムのメリットを，One of the advantages is that ～.「メリットのうちの 1 つは～ということである。」などと述べる。ここで，that は接続詞。
・③ 電子決済システムのデメリットを，One of the disadvantages is that ～.「デメリットのうちの 1 つは～ということである。」などと述べる。ここで，that は接続詞。

①a. 電子決済システムとは何か。
　b. あなたはいくつか例を思いつくか。
② 電子決済システムのメリットは何だと思うか。
③ 電子決済システムのデメリットは何だと思うか。

（解答例）

①a. It is a system that allows customers to pay for goods and services electronically without the physical use of cash.
（それは客が物理的な現金の使用なしに商品とサービスに対して電子技術を使って支払うことを可能にするシステムである。）
　b. I use an IC card called Suica whenever I take buses and trains.
（私はバスや電車に乗るときにはいつも，スイカと呼ばれる IC カードを使う。）
② One of the advantages is that they can reduce the risk of theft by providing safe and secure payment transactions.

(メリットのうちの1つは，それらは安心安全な支払い取引きを提供することによって窃盗の危険性を減らしうることである。)

③ One of the disadvantages is that electronic payments are not accepted in every store.
(デメリットのうちの1つは，電子決済は全ての店で受け入れられているわけではないことである。)

STEP 3

あなたは授業の課題について伝えるためにスピーチをする予定である。スピーチの準備をするために，電子決済システムのメリットとデメリットについてのあなた自身の考えを書きなさい。少なくとも2つのパラグラフで200語程度を書きなさい。

(！ヒント)

・第1パラグラフで，電子決済システムとは何か，第2パラグラフで，電子決済システムのメリット，第3パラグラフで，そのデメリットについて述べるような構成を考えるとよい。

・第1パラグラフの冒頭で，Electronic payment is a system that allows people to make purchases without using cash.(電子決済は人々が現金を使わないで購入することを可能にするシステムである。)などと，電子決済システムとは何かを述べるとよい。

・続けて，従来のクレジットカードに加えて，ICカードやスマートフォンのアプリケーションなどの電子決済システムの具体例を述べるとよい。I use ～ regularly.「私は～を定期的に使っている。」などと，自分の実際の使用例を含めることもできる。

・第2パラグラフでは，電子決済システムのメリットを述べる。One of the advantages is that ～.「メリットのうちの1つは～ということである。」といった表現を使う。

・電子決済システムとの対比として，現金で支払うときのプロセスを述べた上で，This process is time-consuming.(このプロセスは時間がかかる。)などと続けるとよい。また，With electronic payments, the payment can be done instantly by scanning a card or QR code, and money doesn't have to change hands physically.(電子決済を使うと，カードやQRコードを読み取ることによって支払いを即座に済ませることができ，物理的に金銭のやり取りをする必要がない。)などとパラグラフを締めくくることができる。

・第3パラグラフでは，電子決済システムのデメリットを述べる。第2パラグラフにつながるように，on the other hand(その一方で)などの表現を使って書き始めるとよい。

・デメリットを，One of their disadvantages is that ～.「デメリットのうちの1つは～ということである。」といった表現を使って述べる。さらなるデメリットを述べる際には，in addition(さらに)などの表現を使う。

・例えば，customers may need to prepare the required application beforehand (客は求められるアプリケーションを前もって準備する必要があるかもしれない)というデメリットを述べる場合に，because the types of electronic payment systems available differ from store to store(なぜなら使用可能な電子決済システムの種類は店ごとに異なるから)などと理由を添えることが大切である。

Expressing contrast

1. Electronic payments allow you to automatically keep track of your purchases. **On the other hand**, if you use cash, you have to keep track of them by yourself.
(電子決済はあなたが自動的に購入品を記録しておくことを可能にする。その一方で，もしあなたが現金を使うならば，自分自身でそれらの記録を残しておかなければならない。)
on the other hand は「その一方で，他方では」という意味で，2つの異なる事柄や考えを対照する場合に用いる。本来は on (the) one hand と対をなすが，前述の内容を受けて単独で用いられることが多い。

2. **While** electronic payment using smartphones is convenient, it can be a big problem if you lose your phone.
(スマートフォンを使う電子決済は便利であるのに対して，もしあなたが電話をなくしたら大きな問題になりうる。)
while は「～なのに対して，～だけれども」という意味を表す接続詞。While A, B. のように，通例主節に先行する。B に力点がある。

3. Customers can earn points by making electronic payments, **whereas** stores are charged a fee.
(客は電子決済をすることによってポイントを稼ぐことができるが，一方で店は料金を請求される。)
whereas は「その一方で～，～だけれども」という意味を表す接続詞で，主節との対比・比較を表す。
⇨ Some people like coffee, **whereas** others like tea.
(中にはコーヒーが好きな人もいるが，一方で紅茶が好きな人もいる。)

4. **Some** people prefer to pay with QR codes. **Others** prefer to pay in cash.
(中には QR コードで支払うことをより好む人もいれば，現金で支払うことをより好む人もいる。)
Some ～. Others .... は「～なものもあれば，…なものもある。」という意味。ここでは，Some people（何人かの人々）の some は形容詞として用いている。

5. With credit cards, stores need to have a terminal able to read them. **In contrast**, with QR code payment, the store only needs to print the QR code out.
(クレジットカードについては，店はそれらを読むための端末装置が必要である。対照的に，QR コード支払いについては，店は QR コードを印刷する必要があるだけである。)
in contrast は「対照的に」という意味。「～とは対照的に」と対比するものを示すときには，in contrast to[with] ～を用いる。
⇨ **In contrast to** Jane, her husband didn't seem to be enjoying shopping.
(ジェーンとは対照的に，彼女の夫は買い物を楽しんでいるようではなかった。)

補充問題

1 日本語に合うように，( )内の語句や符号を並べ替えなさい。ただし，不足している1語を補うこと。

1. あなたはスクリーンに表示されたメッセージを覚えていますか。
Do you (on / the / the / screen / message / remember)?
Do you ______________________________?

2. 定期的な運動が健康を維持するのに役立つことは誰もが知っている。その一方で，一日30分以上運動している人はほとんどいない。
Everyone knows regular exercise helps maintain the health. (on / few / the / other / people / exercise / ,) for over thirty minutes a day.
.... ______________________ for over thirty minutes a day.

3. 中には数学が好きな生徒もいるが，そうでない生徒もいる。
(math / like / others / students / , and) don't.
______________________________ don't.

4. ジョンは社交的である。対照的に，彼の弟は内気である。
John is sociable. (is / in / his / shy / brother / ,).
John is sociable. ______________________.

2 次の日本語を，( )内の語を使って英文に直しなさい。

1. 最もよい方法は1度に1つのことをすることである。(way, to)

2. 私はその技師にコンピューターを修理してもらった。(had, engineer)

3. 私は歴史にますます興味を抱くようになっている。(becoming, interested)

4. 私の父は家で食事をする方が好きだが，一方で私の母は外食する方が好きである。(prefers, whereas)

3 インターネットで買い物することのメリットとデメリットについて，あなたの考えを少なくとも2つのパラグラフで200語程度の英文で書きなさい。

Lesson 14 The gap is widening.

INPUT

要約

あなたは経済の授業のスピーチの課題に取り組んでいる。収入の格差に関するニュース報道と，その後に続くあなたのクラスメイトのシェリーとカイトの会話を聞きなさい。あなたは自分のスピーチの準備をするためにメモを取っている。

教科書本文

① *A* The unequal situation //
不平等な状況 //

●②The gap / between the rich / and the poor is (1)______________. //
隔たり / 富裕層と / 貧困層は(1)___ //

③Imbalanced wealth distribution //
不均衡な富の分配 //

④(2)______________ richest people / = 3,700,000,000 poorest people //
(2)___最も裕福な人たち / = 3,700,000,000 人の最も貧しい人たち //

●⑤If this trend continues, / economic hierarchies will be (3)______________. //
もしこの傾向が続けば / 経済的な階層は(3)___だろう //

⑥*B* Ideas //
アイデア//

	Ideas // アイデア//	Problems // 問題 //
Shelly // シェリー//	⑦To (4)______________ rich 富裕層にもっと(4)___ people more. // //	⑧The rich people would 富裕層は(5)___ (5)______________. // //
Kaito // カイト //	⑨(6)______________ is key. // (6)___が鍵である //	⑩It (7)______________ a lot / それはたくさん(7)___ / and (8)______________. // そして(8)___ //

語句と語法のガイド

gap [gæp]	名 隔たり，相違
widen [wáɪdən]	動 広がる ▶ wide 形 広い，width 名 幅
unequal [ʌ̀níːkwəl]	形 不平等な ▶ inequality 名 不平等，equal 形 平等な，equality 名 平等
imbalanced [ɪmbǽlənst]	形 不均衡な，アンバランスの ▶ imbalance 名 不均衡，アンバランス
wealth [welθ]	名 富，財産 ▶ wealthy 形 裕福な
distribution [dɪ̀strɪbjúːʃən]	名 分配，配分 ▶ distribute 動 ～を分配する
hierarchy [háɪərɑ̀ːrki]	名 階層(制度)，階級
key [kiː]	名 鍵，手がかり

本文内容チェック

不平等な状況の富裕層と貧困層の格差や不均衡な富の分配について述べられている。また，シェリーとカイトのアイデアとその問題点が述べられている。

解説

② **The gap between the rich and the poor is (1)____.**

〈the ＋形容詞〉で「～な人々」という意味を表す。複数扱い。the rich は，rich people に比べて，裕福な人々をより包括的に表現する。

OUTPUT

STEP 1

あなたは次の記述に賛成か，それとも反対か。それぞれの記述に対して「賛成する」または「反対する」を丸で囲みなさい。

1.	富裕層は現在よりももっと多くの税金を払う必要がある。	賛成する／反対する
2.	私たちは世界の貧しい地域にまずインターネット接続を供給するべきである。	賛成する／反対する
3.	私たちは富を平等に分配するためにベーシックインカム制度を導入するべきである。	賛成する／反対する
4.	最低賃金は上げられるべきである。	賛成する／反対する
5.	フェアトレードは貧困国の労働者の賃金を上げるために促進されるべきである。	賛成する／反対する

STEP 2

社会の不平等の問題についてのあなたのアイデアを考えるために，ペアやグループで話しなさい。必要であればメモを取りなさい。

!ヒント

- ① 社会の不平等を，The term "social inequality" refers to a situation where ～. 「『社会の不平等』という用語は～といった状況を表す。」などと説明する。ここでの where は関係副詞。
- ② 社会の不平等が起きている理由を，I think one of the reasons is that ～.「私は理由のうちの 1 つは～だと思う。」といった表現を使って述べる。
- ③ 社会の不平等の問題を解決する方法を，I think one of the solutions is ～.「私は解決策のうちの 1 つは～だと思う。」といった表現を使って述べる。

① 社会の不平等とは何か。

② なぜそれが起きるのか。

③ 私たちはどのようにしてその問題を解決することができるのだろうか。

解答例

① The term "social inequality" refers to a situation where people have unequal access to valuable resources, services, and positions in the society.
(「社会の不平等」という用語は人々が社会において価値のある資源，サービス，地位に対して不平等なアクセスを持っている状況を表す。)

② I think one of the reasons is that it is a society organized by hierarchies of class, race, and gender.
(私は理由のうちの 1 つは階級，人種，性別の階層構造によって組織された社会だと思う。)

③ I think one of the solutions is to introduce a system of universal basic income, where the government provides every adult citizen with a set amount of money on a regular basis, regardless of their need or desire to work.

(私は解決策のうちの1つはユニバーサルベーシックインカム制度を導入することだと思う。そこでは，政府が全ての成人国民に，彼らの働く必要性や欲求にかかわらず，定期的に決まった額のお金を支給する。)

STEP 3

あなたは次の経済の授業で富裕層と貧困層の間の隔たりに対する原因と解決策に関するあなたの意見についてスピーチをする予定である。少なくとも2つのパラグラフで200語程度を書きなさい。

!ヒント

・第1パラグラフで，社会の不平等とは何か，第2パラグラフで，社会の不平等の理由，第3パラグラフで，その解決策について述べるような構成を考えるとよい。
・第1パラグラフの冒頭で，社会の不平等とは何か，The term “social inequality” refers to a situation in which ～.「『社会の不平等』という用語は～といった状況を表す。」などと述べるとよい。
・続けて，These days, the gap between the wealthy and the poor is getting wider.(最近，富裕層と貧困層の間の格差がより広がりつつある。)などと，現状を述べるとよい。**INPUT** で学習したデータを利用することもできる。
・第2パラグラフでは，社会の不平等の理由を述べる。in my opinion(私の意見では)などの表現を使って自分の意見を書くとよい。One of the causes for this disparity is ～.「格差に対する理由のうちの1つは～である。」といった表現を使う。第1パラグラフで述べた social inequality を the disparity などと言い換えると文章にメリハリを出すことができる。
・Those who hire can decide how much to pay their employees.(雇う人たちが従業員にいくら支払うべきか決定することができる。)や Those who are hired work for a certain salary, but there is a limit to how much they can be paid.(雇われる人たちはある一定の給料のために働くが，いくら払われうるかには制限がある。)などと，不平等の理由を具体的に書くことが大切である。
・第3パラグラフでは，社会の不平等の解決策を述べる。I think one possible solution is ～.「私は可能な解決策の1つは～だと思う。」といった表現を使えばよい。
・例えば，ベーシックインカム制度を解決策として述べる場合，This will guarantee people a minimum standard of living and reduce their anxiety about life and the future.(これは人々に最低限度の生活水準を保証し，彼らの生活や将来に関する不安を減らすだろう。)のように，メリットを具体的に述べることによって，説得力のある解決策を示すことができる。

Expressing opinions

1. **I believe that** the gap between the rich and the poor is a serious social problem.
(私は富裕層と貧困層の間の隔たりは深刻な社会問題だと考えている。)
I believe (that) ～. は「私は～ということを考えている。」という意味。that 以下の内容が事実である可能性が高いと感じているときに使われる。

2. **Personally, I don't think** the average amount of savings is a helpful way to measure equality.
(個人的には，平均貯蓄額は平等さを測るのに役に立つ方法ではないと思う。)
personally は「個人的見解では，自分としては」という意味の副詞。文頭に置かれることが多く，自分の主張であることを強調する。また，「私は～ではないと思う。」と言いたいとき，〈I don't think (that) ＋肯定文.〉の形が好まれる。
⇨ **I don't think** it will rain tomorrow.
(私は明日雨が降らないだろうと思う。)

3. **In my opinion**, online education is an effective means of reducing educational disparities.
(私の意見では，オンライン教育は教育格差を減らす効果的な方法である。)
in my opinion は「私の意見では, 私に言わせれば」という意味。くだけた表現として，If you want my opinion，かたい表現として，It is my opinion that ～. などがある。

4. **It seems to me that** rich people have worked hard to get where they are.
(私には裕福な人々は自分たちがいる場所にたどり着くために一生懸命働いてきたように思われる。)
It seems to me that ～. は「私には～のように思われる。」という意味。seem は，話し手の主観的な判断で「～と思われる」ことを表す。to me に関しては，me の部分に他の人がくることもあるし，全く言わないこともある。
⇨ **It seems that** he passed the exam.
(彼は試験に合格したように思われる。)
➡ **He seems to have passed** the exam.

5. **There is no doubt that** the international community should work together to solve this problem.
(国際社会がこの問題を解決するために協力し合うべきであるということは疑いようがない。)
There is no doubt that ～. で「～ということは疑いようがない。～ということは間違いない。」という意味を表す。ここでの that は同格を表す。〈名詞＋ that 節〉で「～という…」という意味。

補充問題

1　**日本語に合うように，(　)内の語句や符号を並べ替えなさい。ただし，不足している1語を補うこと。**

1. もしその傾向が続けば，金持ちの人たちはより金持ちになり，貧しい人たちはより貧しくなるだろう。
If the trend continues, (get / will / rich / richer / and the) poor will get poorer.
If the trend continues, ＿＿＿＿＿＿＿＿＿＿＿＿＿＿＿＿ poor will get poorer.
2. そのプロジェクトはずいぶんと費用がかかり，時間がかかるだろう。
The project will (a / and / lot / time / take).
The project will ＿＿＿＿＿＿＿＿＿＿＿＿＿＿＿＿＿＿＿＿＿＿＿＿ .
3. 個人的には，彼はパーティーに来ないだろうと思う。
(I / he / is / don't / coming / think / ,) to the party.
＿＿＿＿＿＿＿＿＿＿＿＿＿＿＿＿＿＿＿＿＿＿＿＿＿＿＿ to the party.
4. 私には何かが間違っているように思われる。
(to / it / me / something / that) is wrong.
＿＿＿＿＿＿＿＿＿＿＿＿＿＿＿＿＿＿＿＿＿＿＿＿＿＿＿＿ is wrong.

2　**次の日本語を英文に直しなさい。ただし，(　)内の語で書き始めること。**

1. 若い人たちは年をとった人たちに親切にするべきである。(The)
2. 私はあなたの夢がいつかかなうだろうと信じている。(I)
3. 私の意見では，勤勉さが成功への鍵である。(In)
4. 地球の気候が変化しつつあるということは疑いようがない。(There)

3　**男女の賃金格差の原因や解決策について，あなたの考えを少なくとも2つのパラグラフで200語程度の英文で書きなさい。**

Activate Speech (2)

Situation

状況の要約

政治経済の授業で，自分の地域社会にどのように活力をもたらすかについてスピーチをする。

次の項目を含むメモを書きなさい。

1. 自分が暮らす町，市，都道府県の現在の状況。
2. 自分の地域社会に活力をもたらす方法の可能性の一つ。そしてそれが必要な理由。個人または自治体が行うことでもよい。
3. 計画を実現させるために何が必要か。

Practice

自分が暮らす街以外の場所について考えなさい。その場所にどうやって活力をもたらすことができるか。

主題文 I think ____________ can revitalize [a place].
(～が[　選んだ場所　]に活力をもたらすことができると思います。)

！ヒント

- 主題文の下線部分に入れる語句は，Idea Box を参考にしてもよい。
- 第1パラグラフでは，自分が選んだ場所を明示し，その場所が抱える問題を述べる。そして，その問題を解決するための可能性を示す。次に第2パラグラフでは，その場所と自分の関わり合いを体験談の形で説明する。その場所が抱える問題に気づくきっかけとなった出来事を詳しく説明する。第3パラグラフでは，自分の提示した解決策を詳しく説明する。最終パラグラフでは，スピーチ全体のまとめを行い，自分の解決策を再度述べる。
- 第1パラグラフで自分が選んだ場所を示す際に，When it comes to revitalizing a place, I would choose ～.「ある場所に活力をもたらすとなれば，私なら～を選びます。」や，㊫p. 51 の Model Speech にもあるように，さまざまな場所が抱える問題を挙げた上で，In particular, ～, one of my favorite cities in Japan, has a huge (...) problem.「特に，日本の中でも自分のお気に入りの都市の一つである～は大きな(…の)問題を抱えている。」などと述べることができる。
- 第1パラグラフで問題に対する解決策を提示する際に，～ seems to be one of the possible ways to revitalize the place.「～がその場所に活力をもたらす方法の可能性の一つのように思われる。」などと表現できる。
- 最終パラグラフでスピーチ全体のまとめをする際に，In summary, ～ has a big problem.「まとめると，～には大きな問題がある。」と切り出し，最後に主題文を再度説明する目的で，However, ～ will have positive effects on the place.「しかしながら，～はその場所にプラスの影響をもたらすだろう。」と述べることができる。

Idea Box

- creating a local mascot(地元のマスコットキャラクターを作ること)
- advertising ... more(…をもっと宣伝すること)
- welcoming new people from other places
  (他の場所から新しくやってくる人々を歓迎すること)
- abolishing ...(…を廃止すること)
- This town / city / country has a serious problem in ...
  (この町[市，国]には…に深刻な問題がある)
- Many people don't think this is a problem, but ...
  (多くの人々がこれは問題ではないと考えていますが，…)
- in order to solve the problem, I would like to ...
  (その問題を解決するために，私は…したい)
- There would be many obstacles. For example, ...
  (多くの障害があるだろう。たとえば，…)

解答例

- When it comes to revitalizing a place, I would choose Kobe, one of the largest port cities in Japan.
  (ある場所に活力をもたらすとなれば，私なら日本最大の湾岸都市の1つである神戸を選ぶ。)
- In particular, Nara, one of the oldest cities in Japan, has a huge population problem.
  (特に，日本最古の都市の1つである奈良には大きな人口問題がある。)
- Welcoming new people from other cities seems to be one of the possible ways to revitalize the place.
  (他の都市から新しくやってくる人々を歓迎することがその場所に活力をもたらすことができる方法の1つのように思われる。)
- In summary, Gunma has a big problem.
  (まとめると，群馬には大きな問題がある。)
- However, advertising their local specialty fruits more will have positive effects on the place.
  (しかしながら，地元特産の果物をもっと宣伝することが，その場所にプラスの影響を与えるだろう。)

Lesson 15 What can we do to solve global warming?

INPUT

要約

あなたはクラスメイトに現在の環境問題に関する調査結果とアイデアを発表する予定である。あなたはテーマとして地球温暖化を選ぶことにして，記事を読んでいる。

教科書本文

①It has been repeatedly reported that / the average temperature / of the earth /
繰り返して報道されている / 平均気温が / 地球の /

is getting higher / than in the past. // ②This is the so-called global warming
より高くなっている / 過去より // これはいわゆる地球温暖化問題である

problem. // ③In fact, / as shown in Figure 1, / the global temperature is / on the
// 実際 / 図1に示されているように / 地球の気温は / 上昇傾

rise. //
向で //

④One of the causes / of global warming / is the rapid increase / in greenhouse
原因の1つは / 地球温暖化の / 急激な増加である / 温室効果ガスにお

gases. // ⑤This is caused / by the excessive use / of fossil fuels, / as well as global
ける // これは引き起こされる / 過度の使用によって / 化石燃料の / および世界規模

deforestation. // ⑥It has been pointed out that / greenhouse gases / such as carbon
の森林伐採 // 指摘されている / 温室ガスは / 二酸化炭素と

dioxide / have the property / of trapping heat / in the atmosphere. //
いった / 性質がある / 熱をため込む / 大気中に //

Figure 1: Observed globally averaged combined land and ocean surface temperature anomaly 1850-2012

図1：1850年～2012年に観測された陸地と海洋の平均表面温度における地球規模の異常

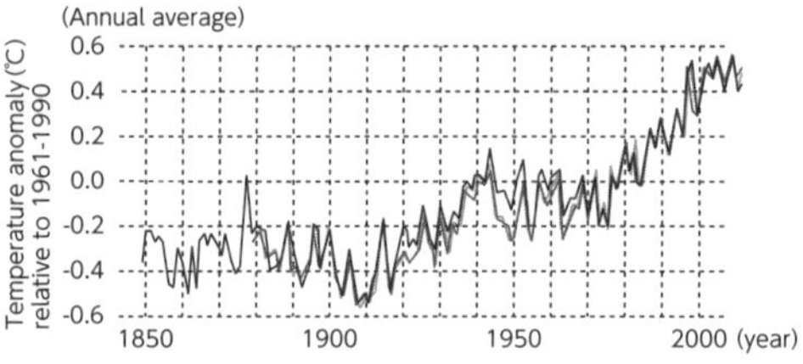

気象庁「地球規模の気候の変化」(2014) (http://www.data.jma.go.jp/cpdinfo/chishiki_ondanka/p07.html) を加工して作成

語句と語法のガイド

global [glóubəl]	形 世界的な ▶ globe 名 地球，地球儀
warming [wɔ́ːrmiŋ]	名 温暖化 ▶ global warming 熟 地球温暖化
repeatedly [ripíːtidli]	副 繰り返して，何度も ▶ repeated 形 繰り返される
average [ǽvəridʒ]	形 平均の
temperature [témpərətʃər]	名 気温，温度
so-called [sòukɔ́ːld]	形 いわゆる ▶ what is called 熟 いわゆる

figure [fígjər]	名 図
on the rise	熟 上昇中で，上向いて
cause [kɔːz]	名 原因 ▶ 動 ～を引き起こす
rapid [rǽpɪd]	形 急激な，急速な ▶ rapidly 副 急速に
increase [íŋkriːs]	名 増加 ▶ [ɪnkríːs] 動 増加する
greenhouse [gríːnhàʊs]	名 温室 ▶ greenhouse effect 熟 温室効果
gas [gæs]	名 ガス ▶ greenhouse gas 熟 温室効果ガス
excessive [ɪksésɪv]	形 過度の，極端な ▶ exceed 動 ～を超える
fossil [fɑ́(ː)səl]	形 化石の ▶ 名 化石
fuel [fjúːəl]	名 燃料 ▶ fossil fuel 熟 化石燃焼
A as well as B	熟 B はもちろん A も，B だけでなく A も
deforestation [dìːfɔ̀(ː)rɪstéɪʃən]	名 森林伐採
point out that ～	熟 ～ということを指摘する
such as ～	熟 例えば～など，～といった
carbon [kɑ́ːrbən]	名 炭素
dioxide [daɪɑ́(ː)ksàɪd]	名 二酸化物 ▶ carbon dioxide 熟 二酸化炭素
property [prɑ́(ː)pərti]	名 特性，属性 ▶ proper 形 特有の
trap [træp]	動 ～の流れを止める ▶ 名 わな
atmosphere [ǽtməsfìər]	名 大気，空気

本文内容チェック

図 1 に示されているように，地球の気温は上昇傾向にある。地球温暖化の原因の 1 つは，温室効果ガスの急激な増加である。これは，化石燃料の過剰使用や，世界的な森林伐採が原因である。

解説

① **It has been repeatedly reported that the average temperature of the earth is ....**

It has been reported that ～. は It is reported that ～.「～ということが報道されている。」の現在完了形の形。It は形式主語で，that 以下を表す。

③ **In fact, as shown in Figure 1, the global temperature is on the rise.**

as は「～のように」という意味の接続詞。〈as ＋過去分詞〉で「～されたように[とおりに]」という意味を表す。(例)as planned(予定どおりに)

④ **One of the causes of global warming is the rapid increase in greenhouse gases.**

主語は One ... warming。〈one of ＋複数名詞〉で「～のうちの 1 つ」という意味。

⑤ **This is caused by the excessive use of fossil fuels, as well as global deforestation.**

This は前文の the rapid increase in greenhouse gases を指す。

⑥ **It has been pointed out that greenhouse gases such as carbon dioxide have the property of trapping heat in the atmosphere.**

It has been pointed out that ～. は It is pointed out that ～.「～ということが指摘されている。」の現在完了形の形。It は形式主語で，that 以下を表す。

the property of ～は「～という性質」という意味。

⑦So / why is global warming / such a problem? // ⑧One reason is / that global
では / なぜ地球温暖化は / それほど問題なのか // 1つの理由は / 地球

warming is causing an increase / in abnormal weather. // ⑨According to the
温暖化が増加を引き起こしている / 異常気象における // 日本

Japan Meteorological Agency, / Japan has experienced 1.5 times more torrential
の気象庁によると / 日本は 1.5 倍多い豪雨を経験してきた

rain / with rainfall / of 50 millimeters or more / per hour / in the 10 years / since
/ 雨量のある / 50ミリ以上の / 1時間あたり / 10年間に / 2011年

2011 / compared to the 10 years / from 1975 / to 1985. // ⑩Globally, / natural
から / 10年間に比べて / 1975年から / 1985年まで // 世界的に / 引き起こ

disasters caused / by abnormal weather / are also / on the rise. // ⑪Furthermore, /
される自然災害は / 異常気象によって / また / 上昇中で // さらに /

the melting of ice / in the Arctic / and Antarctic / due to global warming / is
氷の融解は / 北極における / そして南極 / 地球温暖化による /

causing sea levels to rise, / resulting in the loss / of habitable areas / and
海面の上昇を引き起こしている / 喪失をもたらす / 居住可能な地域の /

increased damage / from storm surges / in areas / around Fiji / and Tuvalu. // ⑫It
そして増加された被害 / 高潮から / 地域において / フィジー周辺の / そしてツバル // また

is also said that / the rising temperature / of seawater / is increasing the volume /
言われている / 上昇する温度は / 海水の / 量を増加させている /

of water, / and thus / causing sea levels to rise / even more. //
水の / そしてこうして / 海面の上昇を引き起こす / さらに //

⑬If global warming continues, / these problems will only worsen. // ⑭In order
もし地球温暖化が続くならば / これらの問題は悪化するだけだろう // 地球

to prevent global warming, / it is important / for each of us / to be aware / of the
温暖化を防ぐために / 大切である / 私たちのそれぞれが / 意識すること /

problem / and to do / what we can / in our daily lives. //
問題に / そしてすること / 私たちができること / 私たちの日常生活で //

語句と語法のガイド

abnormal [æbnɔ́:rməl] 形 異常な ▶ abnormal weather 熟 異常気象

meteorological [mì:tiərəlɑ́(:)dʒɪkəl] 形 気象の ▶ meteorology 名 気象(学)

agency [éɪdʒənsi] 名 〈政府などの〉機関，〜庁，〜局

torrential [tɔ:rénʃəl] 形 急流の，猛烈な ▶ torrential rain 熟 豪雨

rainfall [réɪnfɔ̀:l] 名 降雨，降雨量

millimeter [míləmì:tər] 名 ミリメートル

per [pər] 前 〜につき，〜あたり

compared to 〜 熟 〜と比較して

globally [glóʊbəli] 副 世界的に，地球規模で ▶ global 形 世界的な

disaster [dɪzǽstər] 名 災害 ▶ natural disaster 熟 自然災害

furthermore [fə́ːrðərmɔ̀ːr]	副 さらに
melt [melt]	動 溶ける
Arctic [ɑ́ːrktɪk]	名 北極
Antarctic [æntɑ́ːrktɪk]	名 南極
due to ～	熟 ～による，～が原因で
level [lévəl]	名 高さ，水位，水平面 ▶ sea level 熟 海面
result in ～	熟 ～という結果に終わる
loss [lɔ(ː)s]	名 喪失，損失 ▶ lose 動 ～を失う
habitable [hǽbətəbl]	形 居住可能な ▶ habitat 名 生息地
surge [səːrdʒ]	名 うねり，大波 ▶ storm surge 熟 高潮
volume [vɑ́(ː)ljəm]	名 量，分量
prevent [prɪvént]	動 ～を防ぐ ▶ prevention 名 防止策
be aware of ～	熟 ～に気づいている，～を意識している

本文内容チェック

地球温暖化によって，異常気象の発生が増加している。世界的に見ても，異常気象による自然災害が増加の一途をたどっている。さらに，地球温暖化による北極や南極の氷の融解で海面が上昇して，居住可能な地域が失われている。また，海水温の上昇によって，海面がさらに上昇するとも言われている。地球温暖化を防ぐには，私たちそれぞれが日常生活でできることを行うことが大切である。

解説

⑨ **..., Japan has experienced 1.5 times more torrential rain with rainfall of 50 millimeters or more per hour ....**

times を用いた倍数を比較級の形容詞・副詞の前に置くことがある。

with は「～を持った」という意味。

⑩ **Globally, natural disasters caused by abnormal weather are also on the rise.**

caused は過去分詞の形容詞的用法で，natural disasters を後ろから修飾している。

⑪ **Furthermore, the melting of ice in the Arctic and Antarctic due to global warming is causing sea levels to rise, resulting in the loss of habitable areas and increased damage from storm surges in areas around Fiji and Tuvalu.**

文の主語は the melting ... warming。

resulting は分詞構文。

the loss ... and increased damage ... surges を in ... Tuvalu が修飾している構造。

⑫ **It is also said that the rising temperature of seawater is increasing the volume of water, and thus causing sea levels to rise even more.**

It is said that ～. は「～と言われている。」という意味。

the rising temperature ... is increasing ..., and (is) thus causing ... という構造。

⑭ **In order to prevent global warming, it is important for each of us to be aware of the problem and to do what we can in our daily lives.**

to be aware ... and to do what ... という構造。

OUTPUT

STEP 1

あなたが **INPUT** から学んだ情報を使って，空欄を埋めなさい。

地球温暖化	
原因 (1)____における急激な増加 →(2)____の過度の使用 →(3)____ これらのガスが大気中の(4)____ → p. 120 ④⑤⑥	なぜそれが問題なのか (5)____における増加を引き起こす → p. 122 ⑧ (6)____を上昇させる →居住可能な地域の損失と高潮の増加 → p. 122 ⑪

STEP 2

あなたはプレゼンテーションのために地球温暖化に関する調査結果とアイデアをまとめている。クラスメイトに意見を求めるために，ペアやグループで話しなさい。必要であればメモを取りなさい。

(！ヒント)

・①a. 地球の気候がどのように変化していると思うか，I think (that) ～.「私は～だと思う。」などと述べる。

b. ①a はどのような問題を引き起こすか，It causes ～.「それは～を引き起こす。」や It has led to ～.「それは～を引き起こしてきた。」などと述べる。

・② 地球温暖化を止めるために会社や政府機関ができることを述べる。I think (that) companies[governments] can ～.「私は会社[政府機関]は～することができると思う。」といった表現が使える。

・③ 地球温暖化を止めるために高校生ができることを述べる。I think (that) we can ～.「私は，私たちは～することができると思う。」などと述べればよい。

①a. あなたはどのように地球の気候が変化していると思いますか。

b. それはどのような種類の問題を引き起こしますか。

② あなたは地球温暖化を止めるために会社や政府機関は何をすることができると思いますか。

③ あなたは地球温暖化を止めるために高校生は何をすることができると思いますか。

(解答例)

①a. I think (that) temperatures are on the rise worldwide.
(私は気温が世界規模で上昇傾向にあると思う。)

b. It causes an increase in the number of people suffering from heatstroke.
(それは熱中症にかかる人々の数の増加を引き起こす。)

② I think (that) companies can choose more environmentally-friendly and sustainable equipment.
(私は会社はより環境に優しくて持続可能な設備を選ぶことができると思う。)

③ I think (that) we can raise the temperature setting for air conditioning in summer.(私は，私たちは夏にエアコンの温度設定を上げることができると思う。)

STEP 3

あなたは地球温暖化を止めるために国と地方の両方のレベルにおいて私たちは何ができるのかについてのプレゼンテーションの準備をしています。少なくとも2つのパラグラフで200語程度を書きなさい。必要であれば，グラフや図のような資料を使いなさい。

！ヒント

・第1パラグラフで，地球温暖化の現状，第2パラグラフで，地球温暖化を止めるために国レベルで何ができるのか，第3パラグラフで，地方レベルで何ができるのかについて述べて，最後の第4パラグラフを全体のまとめとするような構成を考えるとよい。

・第1パラグラフの冒頭で，地球温暖化の現状を述べる。客観的なデータなどを加えるとよい。Data from the Japan Meteorological Agency shows that ～.「日本の気象庁からのデータは～と示している。」などの表現を使うことができる。

・第2パラグラフでは，地球温暖化を止めるために国レベルで何ができるのかを述べる。まず，地球温暖化を止めるために重要だと思うことを，The key to the problem of global warming is to reduce the production of carbon dioxide.(地球温暖化の問題に対する鍵は二酸化炭素の生成を削減することである。)などと述べる。その上で，I think the government should encourage car manufacturers to produce more electric vehicles.(私は政府は自動車製造会社にもっと電気自動車を生産するように促すべきだと思う。)などと自分の意見を述べる。Since car exhaust contains a lot of carbon dioxide(自動車の排出ガスは多くの二酸化炭素を含んでいるので)のように理由を添えることも大切である。

・第3パラグラフでは，地球温暖化を止めるために地方レベルで何ができるのかを述べる。例えば，電力消費の削減が大切だと考えるならば，Reducing the amount of electricity used in our homes will help to reduce carbon dioxide emissions.(私たちの家で使われる電気の量を減らすことは二酸化炭素排出量を削減する助けとなるだろう。)などと述べることができる。また，高校生としてできることを具体的に述べることで，説得力のある文章になる。As a high school student, I think we can ....「高校生として，私は，私たちは～することができると思う。」といった表現を使えばよい。

・最終パラグラフでは，全体をまとめる内容を述べる。例えば，It is important for governments, companies, and individuals to do what they can do to address the problem.(その問題に対処するために，政府機関，会社，そして個人ができることをすることが重要である。)のように，さまざまなレベルでの取り組みが大切であることを述べて締めくくることができる。

Expressing changes

1. Large-scale natural disasters have been **on the rise** in the past few years.
(大規模な自然災害はこの数年間上昇傾向にある。)
on the rise は「上昇中で，上向いて」という意味。rise は自動詞として，「上昇する，増す」という意味がある。
⇨ The price of oil **has risen** recently.
(石油の価格が最近上昇している。)

2. The number of times the rivers in Japan crossed the flood risk level **increased from** 83 times in 2014 **to** 474 times in 2018.
(日本の川が洪水危険レベルを超える回数が 2014 年の 83 回から 2018 年の 474 回に増加した。)
increase は「増加する」という意味の自動詞。名詞として，「増加，上昇」という意味もある。反意語は decrease(減少する，減少)。
⇨ The population of the country **has decreased** by 20 percent over the past ten years.
(その国の人口はこの 10 年間で 20 パーセント減少した。)

3. This year's annual rainfall **is 1.5 times higher than** the average of the past 10 years.
(今年の年間雨量は過去 10 年間の平均より 1.5 倍高い。)
times を用いた倍数を表す語句を，比較級の形容詞・副詞の直前に置くことがある。または，〈as ＋原級＋ as〉の直前に置く。
➡ This year's annual rainfall **is 1.5 times as high as** the average of the past 10 years.

4. The earth has **seen** major climate **changes** several times in the past.
(地球では過去に数回大きな気候変動があった。)
場所や時代を主語にして，see を使うことがある。「～を目撃する，～に遭遇する」という意味で，「～が起こる」のように訳すと意味がとりやすい。
⇨ That year **saw** a lot of **changes**.
(その年には多くの変化があった。)

5. Over the past few decades, the average temperature in the region has **stayed almost the same**.
(この数十年にわたって，その地域の平均気温はほとんど同じままである。)
〈stay ＋形容詞〉は「～のままである」という意味。almost は「ほとんど」という意味の副詞。

補充問題

1 日本語に合うように，（ ）内の語句を並べ替えなさい。ただし，不足している1語を補うこと。

1. 警察は若者の犯罪が上昇傾向にあると言っている。
Police say (is / the / that / rise / crime / youth).
Police say ＿＿＿＿＿＿＿＿＿＿＿＿＿＿＿＿.
2. 彼の収入は仕事をし始めたときよりも3倍多い。
His income is (it / as / as / was / high / three) when he started working.
His income is ＿＿＿＿＿＿＿＿＿＿＿＿＿＿＿＿....
3. 今年は住居侵入が大幅に増加している。
(a / in / has / big / year / this / increase) burglary.
＿＿＿＿＿＿＿＿＿＿＿＿＿＿＿＿ burglary.
4. その大学の志願者数はこの10年にわたってほとんど同じままである。
The number of applicants (to / has / the / same / stayed / the university) over the past ten years.
The number of applicants ＿＿＿＿＿＿＿＿＿＿＿＿＿＿＿＿....

2 次の日本語を，（ ）内の指示に従って英文に直しなさい。

1. 気候変動の原因の1つは森林伐採である。(One から始めて)
2. その製品は昨年大ヒットして，売り上げが30%増加することとなった。(resulting を使って)
3. 継続は力なりと言われている。(It から始めて)
4. 日本では外国人観光客の数が急速に増加している。(The から始めて)

3 自然災害による被害を減らすために，何ができると思いますか。あなたの考えを少なくとも2つのパラグラフで200語程度の英文で書きなさい。

Lesson 16 Saving the earth from plastic waste

INPUT

要約

あなたはクラスメイトと一緒に環境を救うためのアイデアを提案する授業の課題に取り組んでいる。この話題についてさらに学び情報を得るために，あなたはポッドキャストを聞いてノートにメモを取っているところである。

教科書本文

A. Causes of Plastic Pollution:

①Phase 1 //
第 1 段階 //

②By (1)＿＿＿＿＿＿, / the amount of plastic products / reached / about 450 million tons. //
(1)＿までに， / プラスチック製品の量は / 達した / 約 4 億 5000 万トン //

↓

③Phase 2 //
第 2 段階 //

④About (2)＿＿＿＿＿＿ million tons of plastic (3)＿＿＿＿＿＿ flow into the ocean / every year. //
約(2)＿百万トンのプラスチック(3)＿が海洋に流れている / 毎年 //

↓

⑤Phase 3 //
第 3 段階 //

⑥Because plastics are (4)＿＿＿＿＿＿, / (5)＿＿＿＿＿＿ / and durable, / plastic waste stays / in the ocean / for a long time. //
プラスチックは(4)＿なので， / (5)＿ / そして耐久性がある / プラスチックごみは残る/ 海洋に / 長い間 //

↓

⑦Phase 4 //
第 4 段階 //

⑧Sunlight, / wind / and wave action / break down plastic waste / into small pieces. // ⑨These are called (6)＿＿＿＿＿＿. //
日光 / 風 / そして波の作用は / プラスチックごみを分解する / 小さな粒に // これらは(6)＿と呼ばれている //

語句と語法のガイド

plastic [plǽstɪk]	形 プラスチック(製)の ▶ 名 プラスチック
waste [weɪst]	名 ごみ，廃棄物
phase [feɪz]	名 段階，局面
product [prɑ́(:)dʌkt]	名 製品 ▶ produce 動 ～を生産する
ton [tʌn]	名 〈重量単位〉トン
flow [floʊ]	動 流れる ▶ flowchart 名 フローチャート
durable [djʊ́ərəbl]	形 耐久性がある ▶ duration 名 持続
action [ǽkʃən]	名 作用，効果
break down ～	熟 ～を分解する
piece	名 1個，1片

本文内容チェック

プラスチック製品は約4億5000万トンに達した。多くのプラスチックごみが海洋に流れ出している。プラスチックは耐久性があるので，プラスチックごみは海洋で長い間残り続ける。日光や風，波の作用によって，プラスチックごみは小さな粒に分解される。

解説

② **By (1)____, the amount of plastic products reached about 450 million tons.**
文の主語はthe amount of plastic products。the amount of ～は「～の量」という意味。

④ **About (2)____ million tons of plastic (3)____ flow into the ocean every year.**
文の主語は About (2)____ million tons of plastic (3)____。

⑥ **Because plastics are (4)____, (5)____ and durable, plastic waste stays in the ocean for a long time.**
3つ以上のものを並列するときには，A, B(,) and C のように書く。
主節の主語は plastic waste。

⑧ **Sunlight, wind and wave action break down plastic waste into small pieces.**
文の主語は Sunlight, wind and wave action。

⑨ **These are called (6)____.**
These は前文の small pieces を指す。
are called は受動態。〈SVOC〉文型の受動態。

B. Effects of Plastic Pollution:

⑩Phase 1 //
第 1 段階 //

⑪One serious problem is that / animals (7)____________ plastics. //
1 つの深刻な問題は / 動物がプラスチックを(7)___ //

↓

⑫Phase 2 //
第 2 段階 //

⑬Because plastics are indigestible, / they stay / in the animal's (8)____________, /
プラスチックは消化できないので / それらは残る / 動物の(8)___の中に /

which causes (9)____________. //
それが(9)___を引き起こす //

↓

⑭Phase 3 //
第 3 段階 //

⑮Recent studies suggested / that the number of (10)____________ will decrease /
最近の研究が示唆した / (10)___の数が減少するだろう /

because of the (11)____________ they eat. //
それらが食べる(11)___のために //

語句と語法のガイド

serious [síəriəs]	形 深刻な ▶ seriously 副 深刻に
indigestible [ìndɪdʒéstəbl]	形 消化できない ▶ digest 動 ～を消化する
recent [rí:sənt]	形 最近の ▶ recently 副 最近
study [stʌ́di]	名 研究，調査
suggest [səɡdʒést]	動 ～を暗示する，～を示唆する
the number of ～	熟 ～の数
decrease [dì:krí:s]	動 減少する ▶ [dí:kri:s] 名 減少
because of ～	熟 ～のせいで，～のために

本文内容チェック

プラスチック汚染の影響について 3 つの段階が述べられている。プラスチックは消化できないので，摂取した動物の体内に残ってしまうことが深刻な問題である。

解説

⑪ **One serious problem is that animals (7)____ plastics.**

that は「～ということ」という意味の接続詞。

⑬ **Because plastics are indigestible, they stay in the animal's (8)____, which causes (9)____.**

they は plastics を指す。

which は非限定用法の関係代名詞。直前の節[文]が先行詞。

⑮ **Recent studies suggested that the number of (10)____ will decrease because of the (11)____ they eat.**

suggest that ～は「～ということを示唆する」という意味。

because of ～は「～のせいで，～のために」という意味で，of のあとには(動)名詞(句)がくる。

the (11)____ と they eat の間には，目的格の関係代名詞が省略されている。they は (10)____ を指す。

OUTPUT

STEP 1

1. **INPUT** のプラスチック汚染の原因のセクションから段階のうちの 1 つを選びなさい。その段階において人々がとることができる行動の 1 つを書きなさい。

段階	人々ができること
(例) 1	持ち帰りを提供するコンビニエンスストアやレストランは客に紙のフォークを渡すべきである。

2. **INPUT** のプラスチック汚染の影響のセクションから段階のうちの 1 つを選びなさい。これがどのように日常生活であなたに影響を与える可能性があるのかを書きなさい。

段階	私たちの日常生活への考えられる影響
(例) 1	もし私たちがプラスチックを食べた魚を食べ続ければ，私たちは健康上の問題を起こすだろう。

STEP 2

ペアやグループで，プラスチックごみから環境を救うためにあなたたちができることについてのアイデアを話し合いなさい。必要であればメモを取りなさい。

(！ヒント)

・① プラスチックごみによって引き起こされる問題を, One of the problems is ～.「問題の 1 つは～である。」などと述べる。

・② プラスチックごみの量を減らすために人々ができることを，We can ～.「私たちは～することができる。」と述べる。

・③ プラスチックごみの量を減らす別の方法を，We can also ～.「私たちはまた～することができる。」などと述べる。

① プラスチックごみによって引き起こされる問題は何ですか。

② プラスチックごみの量を減らすために人々は何をすることができますか。

③ それを減らす別の方法は何ですか。

(解答例)

① One of the problems is the destruction of habitats and ecosystems.
(問題の 1 つは生息地や生態系の破壊である。)

② We can avoid products with excess or unnecessary plastic packaging.
(私たちは過度のまたは不必要なプラスチック包装をした製品を避けることができる。)

③ We can also say no to disposable plastic cutlery, plastic straws, and other single-use plastics.
(私たちはまた，使い捨てプラスチックカトラリー，プラスチックストロー，その他の使い捨てプラスチック製品を断ることができる。)

STEP 3

あなたのアイデアをクラスのみんなに発表するために，あなたはどのようにしてプラスチックごみから環境を救うのかについて少なくとも2つのパラグラフで200語程度の短いレポートを書きなさい。必要であれば，グラフや図のような資料を使いなさい。

（！ヒント）

・第1パラグラフで，プラスチックごみによって引き起こされる問題について，第2，3パラグラフで，プラスチックごみから環境を救うために私たちができることを2つ述べるような構成を考えるとよい。

・第1パラグラフで，プラスチックごみによって引き起こされる問題について，I think the biggest problem is that the number of fish will decrease.（私は最大の問題は魚の数が減少することだと思う。）などと述べる。客観的なデータを加えることもできる。

・冒頭からいきなり問題点を述べるのではなく，While plastics are convenient in our daily lives, the amount of plastic waste is increasing.（プラスチック製品は私たちの日常生活において便利であるが，プラスチックごみの量は増加している。）のような前置きをするとよい。また，第2，3パラグラフにスムーズにつながるように，We need to do something to stop it because ～.「～ので，それを止めるために私たちは何かする必要がある。」などと第1パラグラフを締めくくるとよい。

・第2パラグラフでは，1つ目のプラスチックごみから環境を救うために私たちができることを，One way may be changing our minds about our purchasing behavior.（1つの方法は購買行動に関する私たちの考えを変えることかもしれない。）のように述べる。続けて，具体的な例を書くとよい。

・よく考えてから買い物をするべきであるという主張の流れで，The fewer things we buy, the less amount of waste there will be.（私たちが買うものを少なくすればするほど，ごみの量が少なくなるだろう。）といった文で，パラグラフをまとめることができる。

・第3パラグラフでは，2つ目のプラスチックごみから環境を救うために私たちができることを述べる。第2パラグラフ同様，具体的な例を加えるとよい。

・無料提供のプラスチック製品を断るべきであるという主張の流れで，We can eat without getting these chopsticks if we carry our own cutlery.（もし私たちが自分用のカトラリーを持ち歩けば，これらの箸を受け取ることなく食べることができる。）のように，対策について触れるとよい。

・具体例を示した上で，These might be small steps, but small steps add up to make a big difference.（これらは小さな一歩かもしれないが，小さな一歩が結局大きな違いを生むことになる。）のようにまとめることができる。続けて，In conclusion, each of us needs to make every little effort that counts towards saving the world.（結論として，私たちのそれぞれが，世界を救うのにプラスになるあらゆる小さな努力をする必要がある。）のように，全体を結論づけると，まとまりのある文章になる。

Expressing summary and conclusion

1. **To summarize**, there is an urgent need to reduce the amount of plastic waste we produce.
(要約すると，私たちが出すプラスチックごみの量を削減する緊急の必要性がある。)
to summarize は「要約すると，まとめると」という意味で，文章や話を締めくくるときに用いる。summarize は「(〜を)要約する」という意味の動詞で，名詞形は summary(要約)。

2. **In the end**, the number of animals will decrease because of plastic waste.
(最後には，プラスチックごみのせいで動物の数は減少するだろう。)
in the end は「最後には，結局，ついに」という意味。同義語は，finally，eventually。

3. **In summary**, reducing the amount of waste we produce is the most effective way to save the earth.
(要約すると，私たちが出すごみの量を削減することは地球を救う最も効果的な方法である。)
in summary は「要約すると」という意味。summary は「要約，概要」という意味の名詞。give a summary of 〜で「〜の要約を示す」という意味。
⇨ Could you **give** us **a summary of** your presentation?
(あなたのプレゼンテーションの要約を示していただけますか。)

4. **In sum**, the most important thing to preserve the natural environment is to change our minds about our purchasing behavior.
(要するに，自然環境を保全するのに最も重要なことは私たちの購買行動に関する考えを変えることである。)
in sum は「要するに，つまり」という意味。同義の語句は in short。sum は名詞として「要約, 要旨」, 動詞として「〜を要約する」という意味がある。sum up 〜で「〜を要約する」という意味。
⇨ It's time to **sum up** what we have discussed so far.
(私たちがこれまで議論してきたことをまとめる時間である。)

5. **In conclusion**, each of us needs to pay more attention to how we deal with garbage in our daily life.
(結論として，私たちのそれぞれが日常生活でどのようにごみを処理するかにもっと注意を払う必要がある。)
in conclusion は「結論として，最後に」という意味。conclusion は「結論，結び」という意味の名詞。動詞形は conclude。to conclude で「終わりにあたって」という意味。次の文は，conclude を「〜を締めくくる」と他動詞として使った例。
⇨ I'd like to **conclude** my speech with a famous quotation.
(私は有名な引用文でスピーチを締めくくりたいと思う。)

補充問題

1 日本語に合うように，( )内の語句や符号を並べ替えなさい。ただし，不足している1語を補うこと。

1. 有害物質によって水や空気に引き起こされる被害は汚染と呼ばれる。
Damage caused to water or air (harmful / is / by / pollution / substances).
Damage caused to water or air ＿＿＿＿＿＿＿＿＿＿＿＿＿＿＿＿＿＿＿＿.

2. 人々は1回だけ使われて捨てられるプラスチック製品に依存しており，このことがプラスチック汚染を引き起こしている。
People rely on (plastic / plastics / causes / pollution / single-use / ,).
People rely on ＿＿＿＿＿＿＿＿＿＿＿＿＿＿＿＿＿＿＿＿.

3. 私たちは自分たちが出しているプラスチックごみの量を削減することが急務である。
It is urgent that we reduce (of / we / the / waste / produce / plastic).
It is urgent that we reduce ＿＿＿＿＿＿＿＿＿＿＿＿＿＿＿＿＿＿＿＿.

4. 要約すると，この本は環境学へのよい入門書である。
(a / is / to / this / good / book / introduction / ,) to Environmental studies.
＿＿＿＿＿＿＿＿＿＿＿＿＿＿＿＿＿＿＿＿ to Environmental studies.

2 次の日本語を，( )内の語を使って英文に直しなさい。

1. 最後には，私たちは多くの時間とお金を節約することができるだろう。(end, save)
＿＿＿＿＿＿＿＿＿＿＿＿＿＿＿＿＿＿＿＿

2. 要約すると,環境を守るために私たちができることはたくさんある。(summary, there)
＿＿＿＿＿＿＿＿＿＿＿＿＿＿＿＿＿＿＿＿

3. 要するに，あなたがやらなければならないことは待つことだけである。(sum，all)
＿＿＿＿＿＿＿＿＿＿＿＿＿＿＿＿＿＿＿＿

4. 結論として，私は彼女の絶え間ない努力が平和をもたらしたと言いたい。(conclusion，I'd)
＿＿＿＿＿＿＿＿＿＿＿＿＿＿＿＿＿＿＿＿

3 ごみの問題を1つ取り上げ，どのように対処すべきか，あなたの考えを少なくとも2つのパラグラフで200語程度の英文で書きなさい。

＿＿＿＿＿＿＿＿＿＿＿＿＿＿＿＿＿＿＿＿
＿＿＿＿＿＿＿＿＿＿＿＿＿＿＿＿＿＿＿＿
＿＿＿＿＿＿＿＿＿＿＿＿＿＿＿＿＿＿＿＿
＿＿＿＿＿＿＿＿＿＿＿＿＿＿＿＿＿＿＿＿

Activate Presentation (2)

Situation

状況の要約

地理の授業で，環境問題についてのプレゼンテーションを行う。

① 1つ環境問題を選ぶ。

② 現在何が起こっているのか。原因は何か。

③ それに対処するために企業または政府が行っている取り組みを一つ紹介する。

④ キーポイントを要約する。説得力がなければならない。

注意：できるだけ多くの写真や画像，他の素材を見せること。

Practice

同じテーマでプレゼンテーションを行い，別の取り組みを紹介しなさい。

序論 (例)Let me introduce an effort to save forests.
(森林を守るための取り組みを一つ紹介させてください。)

！ヒント

・Idea Box を参考にしてもよい。

・全体の構成としては，序論(第1パラグラフ)で，ある環境問題に対して行われている取り組みを説明し，本論(第2パラグラフ)でその取り組みを詳しく説明する。結論(第3パラグラフ)では，ここまでの流れを振り返りながら，印象に残る結びの言葉で終わらせる。

・序論(第1パラグラフ)ではすでに選んでいる環境問題に対して別の取り組みを紹介する。その際に，As for another effort to solve this problem, I would like to introduce ～.「この問題を解決するためのもう一つの取り組みとして，私は～を紹介したいと思う。」といった述べ方ができる。

・本論(第2パラグラフ)では，序論で述べた取り組みについて詳しく説明をする必要がある。㊙p. 57 の Model Presentation の第3パラグラフのように，FSC certification のような固有名詞を用いる場合には，その言葉の説明を明確かつ詳細に行う必要がある。その際に，A[略称] represents ～.「A[略称]は～を表しています。」といった表現を用いることができる。

・本論の締めとして，If we can ～, we will be able to help solve the problem.「～をすることができれば，その問題を解決することに役立つことができるだろう。」などと表現できる。

・結論(第3パラグラフ)の冒頭で，自分が選んだ取り組みのまとめとして，～ will play an active role in addressing the issue.「その問題に取り組む上で，～は積極的な役割を果たすだろう。」と表現できる。

・結論の最後にプレゼンテーションの締めとして，I will further pursue this theme.「さらにこのテーマについて追究したいと思う。」や Thank you very much for your kind attention.「ご清聴ありがとうございました。」などの表現を用いる。

Idea Box

・prevent air pollution(大気汚染を防ぐ)
・reduce plastic waste(プラスチック廃棄物を減らす)
・combat climate change(気候変動に対処する)
・address loss of biodiversity(生物多様性の損失に取り組む)

解答例

・As for another effort to solve air pollution, I would like to introduce EST.
(大気汚染を解決するためのもう一つの取り組みとして，私は EST を紹介したいと思う。)
・EST represents Environmentally Sustainable Transport.
(EST は環境的に持続可能な交通を表している。)
・If we can use our own cars less often, we will be able to help solve the problem.
(自分の自動車を使う頻度を減らすことができれば，その問題を解決することに役立つことができるだろう。)
・Reducing plastic waste will play an active role in addressing the issue.
(その問題に取り組む上で，プラスチック廃棄物を減らすことは積極的な役割を果たすだろう。)
・I will further pursue this theme.
(さらにこのテーマについて追究したいと思う。)
・Thank you very much for your kind attention.
(ご清聴ありがとうございました。)

Lesson 17 Innovations in machine translation

INPUT

要約

あなたは最近，機械翻訳が劇的な進歩を遂げていると聞いた。あなたはインターネットで調べて，機械翻訳に関する記事を見つけた。

教科書本文

A. An example of machine translation

日本語

ある日の暮方の事である。一人の下人(げにん)が，羅生門(らしょうもん)の下で雨やみを待っていた。広い門の下には，この男のほかに誰もいない。ただ，所々丹塗(にぬり)の剥(は)げた，大きな円柱(まるばしら)に，蟋蟀(きりぎりす)が一匹とまっている。

↓

英語

①It was late one day. // ②A lowly man was waiting / for the rain / to stop / under
ある日の遅くだった // 地位の低い男が待っていた / 雨が / やむのを /

the Rashomon Gate. // ③There was no one else / under the wide gate / except this
羅生門の下で // 他に誰もいなかった / 広い門の下に / この男以外

man. // ④There was only a cricket / perched on a large pillar / with peeling paint /
に // コオロギだけがいた / 大きな柱にとまっていた / はがれているペンキのある /

in some places. //
いくつかの場所に //

語句と語法のガイド

innovation [ìnəvéɪʃən]	名 革新，新機軸 ▶ innovative 形 革新的な
translation [trænsléɪʃən]	名 翻訳 ▶ translate 動 (～を)翻訳する translator 名 翻訳家
lowly [lóʊli]	形 〈階級・身分が〉低い，卑しい
except [ɪksépt]	前 ～を除いて(は)，～以外は
cricket [kríkət]	名 コオロギ
perch [pəːrtʃ]	動 ～をとまらせる，～を座らせる
pillar [pílər]	名 柱，支柱
peel [piːl]	動 はがれる，むける

本文内容チェック

機械翻訳の例として，芥川龍之介の『羅生門』の一節とともに，その英語の機械翻訳が紹介されている。

解説

② **A lowly man was waiting for the rain to stop under the Rashomon Gate.**

wait for ～ to *do* で「～が…するのを待つ」という意味を表す。ここでは，for ～が to *do* の意味上の主語を表す。

④ **There was only a cricket perched on a large pillar with peeling paint in some places.**

〈There ＋ be 動詞＋ S ＋現在分詞[過去分詞]〉は「～している[されている]S がある[いる]」という意味を表す。現在分詞の場合は進行中の意味に，過去分詞の場合は受動の意味になる。

B. Advances in machine translation

⑤The above text is a translation / of the beginning / of "Rashomon" / by
上記のテキストは翻訳である / 冒頭の / 『羅生門』の /

Akutagawa Ryunosuke, / using a machine translation service. // ⑥It is translated /
芥川龍之介による / 機械翻訳サービスを使って // それは翻訳されている /

into fluent English, / and the content / of the original text / is well retained. //
流暢な英語に / そして内容 / 元のテキストの / よく保持されている //

⑦What is particularly noteworthy is that / the last sentence is / in the present
特に注目すべきことは / 最後の文は / 現在形で

tense / in Japanese, / but / in English / it is in the past tense, / which is
/ 日本語では / しかし / 英語では / それは過去形である / それは

appropriate / for the style / of the novel / in both languages. //
適している / スタイルに / 小説の / 両方の言語で //

⑧Conventional machine translation is called / "rule-based machine translation," /
従来の機械翻訳は呼ばれている / 「ルールベースの機械翻訳」 /

which relies / on dictionaries / of words / and phrases, / and sets of rules / for word
それは依存している / 辞書に / 単語の / そして句 / そして一連のルール / 語順

order (i.e. grammar rules). // ⑨The disadvantage / of this method / is that / the
(つまり文法規則)に関する // 欠点は / この方法の / である /

process / of teaching vocabulary items / and grammar rules / to the machine / is
プロセス / 語彙項目を教えることの / そして文法規則 / 機械に / 終

endless, / and it has not been very successful. //
わりがない / そしてそれはあまり成功していない //

⑩Machine translation has evolved rapidly / in the 2010s. // ⑪The innovation /
機械翻訳は急速に進化している / 2010年代に // 革新は /

behind this / is deep learning, / which uses neural networks. // ⑫In this approach, /
この背後にある / 深層学習である / それはニューラルネットワークを使う // このアプローチで /

the computer itself finds the patterns / from a large amount / of linguistic data. //
コンピューター自身がパターンを見つけ出す / 大量から / 言語データの //

⑬In other words, / there is no need / for a dictionary / or grammar rules, / but
言い換えると / 必要性がない / 辞書に対する / または文法規則 /

having a large amount of bilingual data / (such as Japanese newspaper articles /
しかし大量の2か国語データを持つことは / (例えば日本語の新聞記事 /

and their English translation) / is sufficient. // ⑭This new technology has not
そしてその英語の翻訳) / 十分である // この新しい科学技術は可能に

only made it possible / to produce natural output, / but has also made it possible /
しただけではない / 自然な出力を生成すること / また可能にした /

to translate technical terms / that were previously difficult to handle. //
専門用語を翻訳すること / 以前は扱うのが難しかった //

⑮Machine translation is still evolving. // ⑯Indeed, / more and more people are
機械翻訳は今なお進化している // たしかに / ますます多くの人々がそれを使っ

using it / as a common tool, / just like a calculator. //
ている / 一般的なツールとして / まさに電卓のように //

語句と語法のガイド

retain [rɪtéɪn]	動 ～を保持する，～を失わない
particularly [pərtíkjʊlərli]	副 特に，とりわけ ▶ in particular 熟 とりわけ
noteworthy [nóʊtwə̀ːrði]	形 注目に値する ▶ worthy 形 値する
tense [tens]	名 時制
vocabulary [voʊkǽbjʊlèri]	名 語彙
evolve [ɪvá(ː)lv]	動 進化する ▶ evolution 名 進化
neural [njʊ́ərəl]	形 神経の，神経系統の
a large amount of ～	熟 大量の～
output [áʊtpʊ̀t]	名 出力 ▶ input 名 入力
previously [príːviəsli]	副 以前に ▶ previous 形 前の
handle [hǽndl]	動 ～を扱う
calculator [kǽlkjulèɪtər]	名 電卓 ▶ calculate 動 (～を)計算する

本文内容チェック

機械翻訳は，2010 年代に急速に進化している。この裏にある革新は，深層学習であり，コンピューター自身が大量の言語データからパターンを見つけ出す。この新しい技術により，自然な出力を生成することが可能になっただけでなく，以前は扱いにくかった専門用語の翻訳も可能となった。

解説

⑦ **What is particularly noteworthy is that the last sentence is in the present tense ..., which is appropriate for the style of the novel in both languages.**

文の主語は What ～ noteworthy。what は関係代名詞。

that は「～ということ」という意味の接続詞。

which は非限定用法関係代名詞で，先行詞は直前の節[文]。

⑭ **This new technology has not only made it possible to produce natural output, but has also made it possible ....**

not only ～ but also ... は「～ばかりでなく…もまた」という意味。

〈make it ＋形容詞＋ to *do*〉は「～することを…にする」という意味。it は形式目的語で，to 以下が真の目的語。

⑯ **Indeed, more and more people are using it as a common tool, just like a calculator.**

Indeed は「たしかに」という意味の副詞。

are using は現在進行形。

just like ～は「まさに～のような」という意味。

OUTPUT

STEP 1

あなたがINPUTから学んだ情報を使って，空欄を埋めなさい。

従来の機械翻訳	最近の機械翻訳
～に依存する (1)____ (2)____ → p. 140 ⑧	(3)____だけを必要とする ＝(1)や(2)を必要としない → p. 140 ⑫⑬ (4)____を生成することができる (5)____を扱うことができる → p. 140 ⑭

STEP 2

あなたはクラスメイトと機械翻訳についてのアイデアや意見を交換しています。ペアやグループで話しなさい。必要であればメモを取りなさい。

（！ヒント）

・①a. 機械翻訳とは何か，It is the process of ～.「それは～のプロセスである。」やIt is a technology that ～.「それは～といった科学技術である。」などの表現を使って説明する。

b. 機械翻訳が役立つ状況を，It is useful for ～.「それは～に役立つ。」などと述べる。

c. 機械翻訳が人間の翻訳家に取って代わることができると思うか，Yes／Noで答えればよい。

・②a. ①c. の1つの理由を述べる。

b. ①c. の別の理由を述べる。

①a. 機械翻訳とは何か説明できるか。

b. 機械翻訳はどのような状況で役に立つか。

c. あなたはそれが人間の翻訳家に取って代わることができると思うか。

②a. あなたがなぜそのように思うのか私に理由を言うことができるか。

b. あなたがなぜそのように思うのか私にほかの理由を言うことができるか。

（解答例）

①a. It is the process of translating text or speech from one natural language to another by means of a computer.
(それはコンピューターによってテキストや発話を1つの自然言語から別のものに翻訳するプロセスである。)

b. It is useful for getting real-time information on current events around the world.(それは世界中の現在起こっている出来事についてリアルタイムの情報を得るのに役立つ。)

c. No, I don't think it will completely replace human translators.
(いいえ，私はそれが人間の翻訳家に完全に取って代わることはないだろうと思う。)

②a. Language and culture are closely intertwined. Machines translate content without considering the cultural connotations, resulting in culturally inappropriate content.(言語と文化は密接にからみ合っている。機械は文化的な含意を考慮することなく内容を翻訳し，文化的に不適切な内容をもたらす。)

b. Languages evolve over time, but machines can't keep up with language changes.(言語は時がたつにつれて進化するが，機械は言語の変化についていけない。)

STEP 3

あなたのクラスは「機械翻訳は人間の翻訳家に取って代わることができるだろうか？」というトピックでディベートをする予定です。ディベートの準備をするために，少なくとも2つのパラグラフで200語程度を書きなさい。

!ヒント

・第1パラグラフで，機械翻訳は人間の翻訳家に取って代わることができるかどうか，第2パラグラフで，その理由，第3パラグラフで，全体のまとめを述べるような構成を考えるとよい。

・第1パラグラフでは，まず機械翻訳とはどのようなものかを書く。Remarkable progress has been made in recent years through the evolution of machine learning.(機械学習の進化によって，近年，著しい進歩がなされてきた。)のように現状も加えるとよい。

・機械翻訳がどのような状況で役に立つかを具体例をまじえて述べた上で，In this sense, machine translation is very helpful, but I don't think it will ever completely replace human translators.(この意味で，機械翻訳はとても役に立つが，私はそれが人間の翻訳家に完全に取って代わることはないだろうと思う。)のように，機械翻訳が人間の翻訳家に取って代わることができるかどうかに対する自分の立場を書くと，第2パラグラフにスムーズにつながる。

・第2パラグラフでは，機械翻訳が人間の翻訳家に取って代わることができるかどうかに対する自分の考えの理由を述べる。1つ目を，First, machine translation can only convey a literal meaning, not the meaning behind the words.(第1に，機械翻訳は，言葉の裏にある意味ではなく，文字通りの意味を伝えることができるだけである。)，2つ目を，In addition, if there is a bias in the training data, it could be reflected in the translations.(さらに，もし訓練用のデータに偏見があれば，それが翻訳に反映されるかもしれない。)のように述べて，ともに具体的な例などを付け加えるとよい。

・第3パラグラフでは，全体のまとめとなるように，機械翻訳が人間の翻訳家に取って代わることができるかどうかに対する自分の考えを再度述べる。

・第2パラグラフで書いた理由からの流れで，Therefore, machine translation can be used in order to get the general idea of what is being said but we should not fully depend on it because it can make critical mistakes.(それゆえに，機械翻訳は言われていることの概略をつかむために使うことはできるが，重大な間違いをおかすことがあり得るので，私たちはそれに完全には依存するべきではない。)などと述べる。最後は，I think it will take a long time for machine translation to reach the same level as human translators.(私は機械翻訳が人間の翻訳家と同じレベルに達するには長い時間がかかるだろうと思う。)のように自分の主張を別の表現を使って再度述べるとよい。

Expressing purposes

1. You can use machine translation **in order to** understand the meaning of articles that are written in foreign languages.
(あなたは外国語で書かれている記事の意味を理解するために機械翻訳を使うことができる。)
不定詞には「～するために」という意味で目的を表す副詞的用法がある。「目的」の意味を明確にするために，in order to *do* や so as to *do* を用いる。また，〈in order that + S + can[will, may] ～〉というかたい表現があり，that 以下は節になる。
⇨ He studied hard **in order that he would** pass the exam.
(彼は試験に合格するために一生懸命に勉強した。)
➡ He studied hard **so that he would** pass the exam.(→ **3**)

2. We should attempt to translate by ourselves before using machine translation **in order not to** become too dependent on it.
(私たちは機械翻訳に依存しすぎないようにそれを使う前に自分たち自身で翻訳しようとするべきである。)
「～しないように」という否定形は，in order not to *do* や so as not to *do* で表す。
➡ We should attempt to translate by ourselves before using machine translation **so as not to** become too dependent on it.

3. Download the app on your mobile phone **so that** you can use the service wherever you are.
(あなたがどこにいてもサービスを利用できるように携帯電話にアプリをダウンロードしなさい。)
〈so that + S + can[will, may] ～〉で「Sが～できるように，Sが～するために」という目的を表す。また，that 節内で not を用いることで，「～しないように」という意味を表す。
⇨ She got up early **so that** she would not miss the first bus.
(彼女は始発バスに乗り遅れないように早起きした。)

4. **The purpose of** this article **is to** describe recent changes in computer science.
(この記事の目的はコンピューター科学における最近の変化を述べることである。)
The purpose of ～ is to *do*. で「～の目的は…することである。」という意味を表す。

5. The company is now **aiming to** develop a new algorithm for machine learning.
(その会社は現在，機械学習のための新しいアルゴリズムを開発することを目指している。)
aim to *do* は「～することを目指す，～しようと努力する」という意味。aim は「(～を)目標とする」という意味の動詞。名詞として「目的，目標」という意味がある。

補充問題

1 各組の英文がほぼ同じ意味になるように，下線部に適切な語句を補いなさい。

1. You as well as I are invited to the party.
   Not ______________________.
2. We arrived early so that we could get good seats.
   We arrived early in ______________________.
3. He ran to school so that he would not be late.
   He ran to school in ______________________.
4. She wants to study in Australia to improve her English.
   She wants to study in Australia so that ______________________.

2 次の日本語を，(　)内の指示に従って英文に直しなさい。

1. 冷蔵庫には卵がほとんど残っていない。(There から始めて，left を使って)

   ____

   ____

2. スマートフォンは私たちがどこにいてもインターネットにアクセスできるようにしている。(Smartphones から始めて，形式目的語 it を使って)

   ____

   ____

3. このプレゼンテーションの目的はあなた方全員に私の故郷について知ってもらうことである。(purpose，let を使って)

   ____

   ____

4. 私たちのチームは全国ディベート大会で優勝することを目指している。(aiming を使って)

   ____

   ____

3 AI の普及により，学校の授業や指導の現場において AI が主体になることは可能だと思いますか。あなたの考えを少なくとも 2 つのパラグラフで 200 語程度の英文で書きなさい。

____

____

____

____

____

____

____

Lesson 18 Technological changes in agriculture

INPUT

要約

あなたは今から20年後の農業の状態に関する授業のプレゼンテーションに取り組んでいる。あなたは農業における技術的な変化を紹介しているオンラインのビデオ番組からの抜粋を聞いている。

教科書本文

①Technological Changes in Agriculture //
農業の技術的な変化 //

②A strange tomato? //
変わったトマト？ //

③Nobu shows a tomato / to Kate / and Yuki / that was harvested / in (1)______________. //
ノブはトマトを見せる / ケイトに / そしてユキ / 収穫された / (1)___で //

④Advantages of (1) //
(1)の利点 //

⑤(2)______________ of vegetables is stable. //
野菜の(2)___が安定している //

⑥(3)______________ is stable / because it is not affected / by (4)______________. //
(3)___が安定している / なぜならそれは影響を受けないから / (4)___によって //

⑦Other vegetables grown in (1) //
(1)で育てられた他の野菜 //

⑧Leafy vegetables / including (5)______________ / and spinach //
葉野菜 / (5)___を含む / そしてほうれん草 //

⑨Other technological changes //
他の技術的な変化 //

→⑩(6)______________ control in greenhouse //
温室における(6)___制御 //

→⑪(7)______________ that can spray pesticides //
農薬を散布することができる(7)___ //

→⑫Self-driving tractors //
自動運転するトラクター //

→⑬Kate believes / agriculture is going to become / more (8)______________. //
ケイトは考える / 農業はなるだろう / より(8)___ //

語句と語法のガイド

technological [tèknəlɑ́(:)dʒɪkəl]	形	科学技術の ▶ technology 名 科学技術
agriculture [ǽgrɪkʌ̀ltʃər]	名	農業 ▶ agricultural 形 農業の
harvest [hɑ́:rvɪst]	動	～を収穫する ▶ 名 収穫
stable [stéɪbl]	形	安定性のある，不変の
affect [əfékt]	動	～に影響する
leafy [lí:fi]	形	葉の多い ▶ leaf 名 葉
including [ɪnklú:dɪŋ]	前	～を含めて ▶ include 動 ～を含む
spinach [spínɪtʃ]	名	ほうれん草
control [kəntróʊl]	名	制御 ▶ 動 ～を制御する
greenhouse [grí:nhàʊs]	名	温室
spray [spreɪ]	動	～を散布する ▶ 名 散布剤
pesticide [péstɪsàɪd]	名	殺虫剤，農薬 ▶ pest 名 害虫
self-driving [sèlfdráɪvɪŋ]	形	自動運転の
tractor [trǽktər]	名	トラクター

本文内容チェック

ノブはケイトとユキに収穫されたトマトを見せている。その利点は安定性である。他にはほうれん草といった葉野菜が育てられている。他の技術的な変化として，自動運転するトラクターなどが述べられている。

解説

③ **Nobu shows a tomato to Kate and Yuki that was harvested in (1)____.**

that は主格の関係代名詞。先行詞は a tomato。

was harvested は受動態。

⑥ **(3)____ is stable because it is not affected by (4)____.**

it は(3)____を指す。

is not affected は受動態。

⑪ **(7)____ that can spray pesticides**

that は主格の関係代名詞。先行詞は(7)____。

⑬ **Kate believes agriculture is going to become more (8)____.**

believes のあとに that が省略されている。

more (8)____は比較級。

OUTPUT

STEP 1

あなたのワークシートを見なさい。あなたが農業に最も大きな影響を与えてきたと思う技術的な変化のうちの1つを選びなさい。そして，それがどのように農業を変えてきたのかについて考えなさい。必要であればインターネットで検索しなさい。

(例)私はドローンが私たちの農業のやり方を変えてきたと思う。例えば，それらは農家が農薬を広大な畑にすばやく散布して多くの時間を節約することを可能にする。

STEP 2

あなたは友人と農業に関するアイデアについて話している。プレゼンテーションのアイデアをまとめるために，ペアやグループで話しなさい。必要であればメモを取りなさい。

！ヒント

・①a. 農業がどのように変化しているかを述べる。It is becoming more and more ～.「それはますます～になっている。」といった表現を使うことができる。

　b. 農業の技術的な進歩の例をあげる。I heard (that) ～.「私は～ということを聞いた。」などと答えることができる。

・② 新しい科学技術のメリットを，One of the advantages is that ～.「メリットの1つは～ということである。」などと述べる。

・③ 新しい科学技術のデメリットを，One of the disadvantages is that ～.「デメリットの1つは～ということである。」などと述べる。

・④ 20年後に農業がどのような状態になっていると思うか，I think it will become ～.「私はそれが～になるだろうと思う。」などと述べる。

①a. 農業がどのように変化しているか述べることができるか。

　b. 農業の技術的な進歩の例をあげることができるか。

② 新しい科学技術のメリットは何か。

③ 新しい科学技術のデメリットは何か。

④ あなたは20年後に農業がどのような状態になっていると思いますか。

解答例

①a. I think it is becoming more and more mechanized.
(私はそれはますます機械化してきていると思う。)

　b. I heard that the spraying of pesticides can be done with timing decided by computers.
(私はコンピューターで決められたタイミングで農薬を散布することが可能だと聞いた。)

② One of the advantages is that it can reduce the amount of manpower needed for agriculture.
(メリットの1つはそれが農業に必要とされる労働力の量を削減することができるということである。)

③ One of the disadvantages is that the initial cost of adopting it in agriculture is enormous.
(デメリットの1つは農業にそれを採用する初期費用が莫大であるということであ

る。）

④ I think it will become more mechanized in order to improve efficiency.
（私は効率を向上させるためにそれはより機械化されるだろうと思う。）

STEP 3

あなたは「農業は今から20年後どのようになっているか？」というテーマに関するプレゼンテーションをする予定である。プレゼンテーションの準備をするために，新しい科学技術の考えられるメリットとデメリットを含めて，少なくとも2つのパラグラフで200語程度を書きなさい。

！ヒント

・第1パラグラフで，農業が現在どのように変化しているのか，第2パラグラフで，農業における新しい科学技術の考えられるメリット，第3パラグラフで，そのデメリット，第4パラグラフで，今から20年後に農業がどのようになっているかについて述べるような構成を考えるとよい。

・第1パラグラフの冒頭で，農業が現在どのように変化しているのか，with the development of ～「～が発達するにつれて」や Agriculture is becoming ～.「農業は～になりつつある。」といった表現を使って述べる。次に，その具体例を，For example, in some farms, the temperature and the amount of fertilizer are controlled by computers.（例えば，いくつかの農場では，温度や肥料の量がコンピューターによって制御されている。）のように続けるとよい。農薬散布用のドローンや自動運転トラクターといった **INPUT** で学習した内容も利用できる。

・第2パラグラフでは，農業における新しい科学技術の考えられるメリットを述べる。例えば，Technological advances in agriculture allow for consistent production. The ability to respond to changes in the weather makes it possible to maintain a constant yield and quality.（農業の技術的な進歩は一貫した生産を可能にする。天候の変化に対応する能力は一定の収穫量や品質を維持することを可能にする。）のように，メリットを簡潔に述べた文の後に，その詳細や具体例を書くとよい。その際，in other words（言い換えると）などの表現を使うことができる。

・第3パラグラフでは，農業における新しい科学技術の考えられるデメリットを述べる。例えば，初期費用がかかることを述べた文に続けて，As a result, there is a possibility that agriculture will become a large-scale business only, and small-scale farmers will be driven out.（結果として，農業は大規模な事業のみになって，小規模な農家は駆逐されるという可能性がある。）のように書くと，因果関係を含めてデメリットの大きさを強調することができる。

・第4パラグラフでは，20年後に農業がどのような状態になっているかを述べる。Agriculture in two decades is expected to become ～.「今から20年後の農業は～になると考えられる。」といった表現が使える。例えば，機械化によって，野菜の価格や品質が安定することを書いてもよい。

Expressing examples

1. Broadband internet has brought many technological advances. **For example**, images from remote areas can be delivered instantly.
(ブロードバンドインターネットは多くの技術的な進歩をもたらした。例えば，遠く離れた地域からの画像を即座に送ることができる。)
例示の表現の後ろには，直前の内容の具体例が述べられる。for example は「例えば」という意味で，文頭・文中・文尾で用いられる。
⇨ Canada, **for example**, has two official languages.
(例えば，カナダには２つの公用語がある。)

2. In recent years, agriculture has been faced with problems, **including** a lack of successors and an aging population.
(近年では，農業は後継者の不足や高齢化を含む問題に直面してきている。)
including は「～を含めて」という意味の前置詞。include は「～を含む」という意味の動詞。
⇨ Ten people, **including** two children, were injured in the accident.
(２人の子どもを含めて 10 人がその事故で負傷した。)

3. Herbs **such as** basil and mint can be grown indoors.
(バジルやミントのようなハーブは室内で栽培できる。)
A(,) such as B は「B のような A，A 例えば B」という意味で，物事の具体的な例を挙げるための表現。B には２つ以上の名詞を列挙することもある。
⇨ It is said that smoking can lead to health problems, **such as** heart disease, lung damage, and many types of cancer.
(喫煙は健康上の問題，例えば，心臓病，肺の損傷，多くの種類のがんを引き起こす可能性があると言われている。)

4. *Komatsuna* **is one example of** a vegetable that grows quickly.
(小松菜は速く成長する野菜の一例である。)
be one example of ～で「～の一例である」という意味を表す。

5. The farm grows a variety of crops, **ranging from** cucumbers **to** melons.
(その農場はキュウリからメロンまでに及ぶさまざまな作物を栽培する。)
range from A to B で「A から B に及ぶ」という意味を表す。ここで，ranging は現在分詞の形容詞的用法で，a variety of crops を後ろから修飾している。
⇨ The store sells a wide variety of goods, **ranging from** liquors **to** books.
(その店は酒類から本までに及ぶさまざまな商品を販売している。)

補充問題

1 日本語に合うように，(　)内の語句や符号を並べ替えなさい。ただし，不足している1語を補うこと。

1. 地球上で太陽の影響を受けないものは何もない。
There is nothing on earth (is / by / sun / not / the / affected).
There is nothing on earth ________________________________.

2. ここに農家が農業の慣行を向上させる助けとなるドローンの一覧がある。
Here is a list (help / of / can / improve / drones / farmers) their agricultural practices.
Here is a list ____________________________ their agricultural practices.

3. それは前向きな労働環境で有名になった会社の一例である。
It (of / is / one / has / that / a company) become famous for its positive work environment.
It ____ become ....

4. その俳優は10代の少年から中年男性までに及ぶさまざまな役を演じる。
The actor (to / from / plays / roles / various / teenage boys / ,) middle-aged men.
The actor __________________________________ middle-aged men.

2 次の日本語を，(　)内の語を使って英文に直しなさい。

1. いくつかの発展途上国は近い将来，農作物の輸入品により依存するようになるかもしれない。(more)

____

2. 日本には多くの観光名所がある。例えば，あなたは京都の古い寺や神社を訪れることができる。(example)

____

3. 私の家族は私を含めて5人いる。(including)

____

4. ミッキーマウス(Mickey Mouse)やスヌーピー(Snoopy)のような漫画のキャラクターは今でも世界中の人々に愛されている。(such)

____

3 科学技術を農業に利用することについて，あなたはどう思いますか。メリットとデメリットを含めてあなたの考えを少なくとも2つのパラグラフで200語程度の英文で書きなさい。

____

____

____

____

Activate Debate (2)

Situation

状況の要約

科学の授業で,「AI は人間の仕事に取って代わることはできるのか。」という論題でディベートをする。

1. 2つのグループを作り，司会役を選ぶ。グループ A はこの論題に賛成し，グループ B は論題に反対する。
2. ディベートの準備をする。論題に対する賛成理由と反対理由をリストにする。グループ内で考えを共有する。
3. 自分の意見について一つまたは複数のパラグラフを書く。理由と具体例を含める。

Practice

ディベートしなさい：AI は教師にとって代わることができるか。

意見 (例)AI teachers can / can't recognize students' personalities.
(AI が行う教師は学生の性格を認識することができる / できない。)

！ヒント

- 全体の構成としては，立論・反論・まとめの３つのパートで論を展開する。
- 立論では意見を述べることが最も重要であるが，意見を述べるまでの導入として Some people might claim that AI teachers can only ～ because ....「AI が行う教師は～することしかできないかもしれないと主張する人がいる。というのも…だからだ。」のように述べることで，関心を引きつける役割を果たす。この後に However, I strongly believe AI teachers can recognize students' personalities.「しかしながら，AI が行う教師は学生の性格を認識することができると私は強く思う。」というように意見を続けることで，意見をより強く主張することができる。
- 立論で否定側の意見を述べる際にも，いきなり意見を述べるのではなく，関心を引くために There are many opinions about AI replacing human jobs. Some people actually do believe AI can recognize students' personalities because of ～.「AI が人間の仕事を取って代わるということに関しては多くの意見がある。実際に一部の人々は～が理由で AI が学生の性格を認識することができると考えている。」などと述べることができる。
- 反論では，相手側の意見を完全に否定するのではなく，We can agree with their opinion in that ～.「～という観点においては，私たちは彼らの意見に賛成することができます。」といったように，一部相手の意見を肯定した上で，自分の論をさらに展開することで立論にさらに説得力を持たせることができる。
- 反論で，相手の意見を完全に否定する場合は，They said that ～, but it is not the case.「彼らは～と言っていましたが，それは真実ではありません。」というような表現を用いることができる。

・まとめでは，ここまで立論と反論で述べてきた主張を端的にまとめる必要があるので，What we have been saying is ～.「ここまで私たちが述べてきたことは～である。」などの表現を用いることができる。
・まとめの最後は全体の結びとして自分の意見を再度述べる。その際に，To conclude, we're of the opinion that ～.「結論として，私たちは～という意見だ。」と述べることができる。

解答例

・Some people might claim that AI teachers can only teach easy things, such as addition and subtraction because they cannot learn what students feel and think. However, I strongly believe AI teachers can recognize students' personalities.
（AI が行う教師は足し算や引き算のような簡単なことを教えることしかできないと一部の人は主張するかもしれない。というのも AI は学生が何を感じたり考えたりしているのか分からないからだ。しかしながら，AI が行う教師は学生の性格を認識することができると私は強く思う。）
・There are many opinions about AI replacing human jobs. Some people actually do believe AI can recognize students' personalities because of its rapid development.
（AI が人間の仕事を取って代わるということに関しては多くの意見がある。実際に一部の人々は AI の急速な発展が理由で AI が学生の性格を認識することができると考えている。）
・We can agree with their opinion in that AI does not have feelings and emotion.
（AI には感性や感情がないという観点においては，私たちは彼らの意見に賛成することができる。）
・They said that in the future AI will be able to teach students according to their characters and personalities, but it is not the case.
（彼らは将来 AI は学生の個性や性格に応じて教えることができるようになると言っていましたが，それは真実ではない。）
・What we have been saying is AI has been making progress faster than we humans expected.
（ここまで私たちが述べてきたことは，AI は私たち人間が思っていた以上に速い速度で進化を遂げてきたということである。）
・To conclude, we're of the opinion that human teachers will be taken place of by robotic teachers with a built-in AI.
（結論として，私たちは人間の教師は AI を内蔵したロボット教師に取って代わられるだろうと考える。）

Lesson 19 Just knowing about SDGs is enough?

INPUT

本文要約

あなたはSDGsについて論じるための英語スピーチコンテストに参加する予定である。それらに関する情報を集めていると，雑誌の記事を見つけた。

①I believe / more and more people are becoming familiar / with the term "SDGs." //
私は思う / ますます多くの人々がよく知るようになっている / 「SDGs」という用語を //

②The website of the United Nations Development Programme states: //
国連開発計画のウェブサイトは明記する： //

③The Sustainable Development Goals (SDGs), / also known / as the Global Goals, / were adopted / by the United Nations / in 2015 / as a universal call / to action / to end poverty, / protect the planet, / and ensure that / by 2030 / all people enjoy peace / and prosperity. //
持続可能な開発目標(SDGs)は / また知られている / グローバルゴールズとして / 採択された / 国連によって / 2015年に / 世界的な呼びかけとして / 行動へ / 貧困を終わらせる / 地球を保護する / そして確実にする / 2030年までに / 全ての人々が平和を享受する / そして繁栄 //

④There are 17 SDGs, / each presented / with a logo. // ⑤These 17 SDGs are all important. // ⑥In Japan, / more and more people have been recognizing the value of SDGs. // ⑦According to a survey / of 5,000 people / in Japan / conducted / in 2020, / about 46% of respondents answered / they had heard the term "SDGs."//
17のSDGsがある / それぞれが提示されている / ロゴとともに // 17のSDGsは全て重要である // 日本で / ますます多くの人々がSDGsの価値を認識している // 調査によると / 5000人の / 日本で / 行われた / 2020年に / 約46%の回答者が答えた / 彼らは「SDGs」という用語を聞いたことがあった //

語句と語法のガイド

familiar [fəmíljər]	形 よく知っている ▶ become familiar with ～ 熟 ～をよく知るようになる
term [tə:rm]	名 用語
the United Nations	熟 国際連合，国連
development [dɪvéləpmənt]	名 開発 ▶ develop 動 ～を開発する
programme [próʊgræm]	名《英》計画 ▶《米》program
state [steɪt]	動 ～と明記する，～と定める
sustainable [səstéɪnəbl]	形 持続可能な ▶ sustain 動 ～を維持する
goal [goʊl]	名 目標

adopt [ədɑ́(:)pt]	動 ～を採択する，～を可決する
universal [jù:nɪvə́:rsəl]	形 全世界の，万人の ▶ universe 名 全世界
call [kɔ:l]	名 呼びかけ
poverty [pɑ́(:)vərti]	名 貧困 ▶ poor 形 貧しい
planet [plǽnɪt]	名 地球全体，世界
ensure [ɪnʃʊ́ər]	動 ～を確実にする
prosperity [prɑ(:)spérəti]	名 繁栄 ▶ prosperous 形 繁栄している
present [prɪzént]	動 ～を示す ▶ [prézənt] 名 贈り物
logo [lóugoʊ]	名 ロゴ，シンボルマーク ▶ = logotype
recognize [rékəgnàɪz]	動 ～を認識する ▶ recognition 名 認識
survey [sərvéɪ]	名 調査
conduct [kəndʌ́kt]	動 ～を行う ▶ [kɑ́(:)ndʌ̀kt] 名 行い
respondent [rɪspɑ́(:)ndənt]	名 回答者 ▶ respond 動 答える

本文内容チェック

国連開発計画のウェブサイトにある SDGs に関する記事が紹介されている。17 ある SDGs は，それぞれがロゴとともに提示されている。2020 年に行われた日本の 5000 人を対象とした調査によると，約 46％の回答者が「SDGs」という言葉を聞いたことがあると回答した。

解説

① **I believe more and more people are becoming familiar with the term "SDGs."**

believe の後に that が省略されている。

〈more and more ＋名詞〉で「ますます多くの～」という意味を表す。

③ **... as a universal call to action to end poverty, protect the planet, and ensure that by 2030 all people enjoy peace and prosperity.**

to end ..., (to) protect ..., and (to) ensure ... という構造。この不定詞は形容詞的用法で，action を修飾している。

enjoy は「～を享受する，～を得る」という意味。

④ **There are 17 SDGs, each presented with a logo.**

presented は分詞構文。意味上の主語は each で，独立分詞構文。

⑧It is true that, / for example, / some restaurants are trying / to move away /
確かである / 例えば / いくつかのレストランは試みている / やめること /

from plastic straws. // ⑨Also, / food courts / in some shopping malls / are changing
プラスチックストローを // また / フードコート / いくつかのショッピングモールで / 切り替えてい

over / to paper straws / and trying / to stop using plastic ones. // ⑩However, / look
る / 紙ストローに / そして試みている / プラスチックのものを使うのをやめること // しかし / グラ

at the graph. // ⑪The survey also found out / that only 12.9% of the respondents /
フを見てください // 調査はまた見つけ出した / 回答者の 12.9% だけが /

that have heard / of SDGs / felt that / they were doing something / to make a
聞いたことがある / SDGs について / 感じた / 彼らは何かをしていた / 違いをも

difference. // ⑫Furthermore, / 38.9% of them said / they would do nothing. //
たらすため // さらに / 彼らの 38.9% が言った / 彼らは何もしないだろう //

⑬Individual actions will be one / of the keys / to successful results. // ⑭Of course, /
個々の行動は 1 つだろう / 鍵の / うまくいく結果へ // もちろん /

recognizing the term "SDGs" is the first step, / but just knowing about it is not
「SDGs」という用語を認識することが第一歩である / しかしそれについてただ知っているだけでは十

enough. // ⑮What can we do / and how should we think / about SDGs? //
分ではない // 私たちは何をすることができるか / そして私たちはどのように考えるべきか / SDGs について //

⑯Are you taking action / to achieve SDGs / as a member of a company/
あなたは行動を起こしていますか / SDGs を達成するために / 会社や機関の一員として/

organization / or privately? // ⑰Or do you want to take action / in the future? //
/ または個人的に // または行動を起こしたいですか / 将来に //

⑱(single answer) //
(単一回答) //

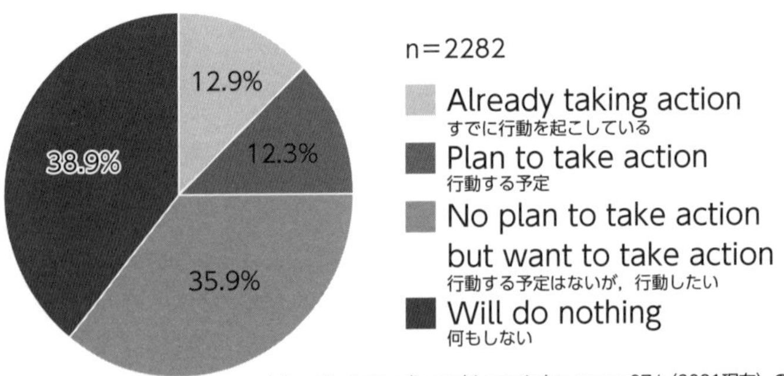

n=2282

12.9%
12.3%
35.9%
38.9%

Already taking action
すでに行動を起こしている
Plan to take action
行動する予定
No plan to take action but want to take action
行動する予定はないが，行動したい
Will do nothing
何もしない

https://miraimedia.asahi.com/sdgs_survey07/（2021現在）のグラフをもとに作成

語句と語法のガイド

move away from ～	熟 (考え，方法などを)やめる
straw [strɔː]	名 ストロー
food court	熟 フードコート
shopping mall	熟 ショッピングモール
change over to ～	熟 ～に切り替える，～に全面的に移行する
graph [græf]	名 グラフ ▶ pie graph 熟 円グラフ
find out ～	熟 ～を見つけ出す
hear of ～	熟 ～のことを耳にする
make a difference	熟 違いを生じる，重要である
furthermore [fə́ːrðərmɔ̀ːr]	副 さらに ▶ further 形 さらなる，副 さらに
individual [ìndɪvídʒuəl]	形 個々の ▶ 名 個人
successful [səksésfəl]	形 成功した ▶ succeed 動 成功する
step [step]	名 一歩，段階
organization [ɔ̀ːrgənəzéɪʃən]	名 組織，機関，団体 ▶ organize 動 ～を組織する
privately [práɪvətli]	副 個人的に ▶ private 形 個人的な
single answer	熟 単一回答

本文内容チェック

確かに，レストランなどではプラスチックストローを使わない取り組みが行われている。しかし，調査からは，SDGs を知っていると回答した人々のうち，たった 12.9% しか何らかの行動をしていないことがわかる。さらに，38.9% は何もしないと答えた。「SDGs」という用語を知っているだけでは十分ではなく，個々の行動が成功への鍵の 1 つである。

解説

⑧ **It is true that, for example, some restaurants are trying to move away from ....**

It is true that ～ . は「～ということは確かである。」という意味で，It は形式主語。

⑪ **The survey also found out that only 12.9% of the respondents that have heard of SDGs felt that they were doing something to make a difference.**

無生物主語の文。

found out that ～と felt that ～の that は「～ということ」という意味の接続詞。

the respondents that have heard の that は主格の関係代名詞。

⑫ **Furthermore, 38.9% of them said they would do nothing.**

said の後に that が省略されている。would は時制の一致。

⑭ **Of course, recognizing the term "SDGs" is the first step, but just knowing about it is not enough.**

recognizing と knowing は動名詞。

OUTPUT

STEP 1

INPUT の情報をまとめるために，適切な数字で空欄を埋めなさい。

(1)＿＿SDGsがあり，それらは全て重要である。2020年の日本の(2)＿＿人の調査では約(3)＿＿%がSDGsという用語を聞いたことがあると回答したということがわかった。ますます多くの日本の人々がSDGsの価値を認識していると言うことができる。一方では，SDGsについて聞いたことがあると回答した人々の(4)＿＿%が特に何もするつもりがないのに対し，ほんの(5)＿＿%がすでにSDGsを達成するために行動を取っている。

STEP 2

SDGsの成功への鍵とそれらを達成するためにあなたたちができることについてアイデアを発展させるために，ペアやグループであなたたちの考えを交換しなさい。必要であればメモを取りなさい。

! ヒント

・① SDGsの成功への鍵の1つを, It is to ～.「それは～することである。」などと述べる。
・②a. SDGsの1つを達成するために私たちができることを，We can ～.「私たちは～することができる。」などと述べる。
　b. ②a. の理由や例を述べる。
・③a. SDGsの1つを達成するために私たちが他にできることを，We can also ～.「私たちはまた～することができる。」などと述べる。
　b. ③a. の理由や例を述べる。

① SDGsの成功への鍵の1つは何か。
②a. SDGsの1つを達成するために私たちは何をすることができるか。
　b. 理由や例は何か。
③a. SDGsの1つを達成するために私たちは他に何をすることができるか。
　b. 理由や例は何か。

解答例

① It is to start taking simple actions in our daily lives.
(それは私たちの日常生活で簡単な行動を取り始めることである。)

②a. We can recycle our waste.
(私たちは自分たちの廃棄物を再利用することができる。)

b. When seas and rivers are polluted with our waste, fish and other life there suffer terribly. By actively recycling our waste, we can cut down on the amount of waste that is dumped into seas and rivers, creating a healthy environment for sea life to survive in.(海や川が私たちの廃棄物で汚染されるとき，そこにいる魚や生物はひどく苦しむ。私たちの廃棄物を積極的に再利用することによって，私たちは海や川に捨てられる廃棄物の量を削減することができ，海の生物が生存するための健全な環境を作ることになる。)

③a. We can also choose to buy products such as fair trade products.
(私たちはまたフェアトレード商品のような商品を買うことを選ぶことができる。)

b. Buying fair trade products can support farmers and workers in developing countries. By supporting fair trade practices, we can help to create a world with less poverty, less hunger, and reduced inequalities.
(フェアトレード商品を買うことで発展途上国の農家や労働者を支援することができる。フェアトレードの実践を支援することによって，私たちは貧困や飢えの少ない，不平等が減った世界を作るのを助けることができる。)

STEP 3

次のスピーチコンテストで，あなたはSDGsの成功への鍵の1つとそれらを達成するためにあなたができることについて論じるつもりです。あなたは原稿を準備しています。少なくとも2つのパラグラフで200語程度を書きなさい。

！ヒント

・第1パラグラフで，SDGsの成功への鍵の1つについて，第2，3パラグラフで，SDGsを達成するためにできることを述べるような構成を考えるとよい。
・第1パラグラフの冒頭で，SDGsの成功への鍵の1つを，I believe that one of the keys to the success of SDGs is to make supporting actions simple and connect them to our daily lives.(私はSDGsの成功への鍵の1つは，支援の行動を簡単にしてそれらを私たちの日常生活に結びつけることである，と信じている。)のように述べる。その理由や詳細を，If the actions are simple and related to our daily life, they will be much easier to take.(もし行動が簡単で私たちの日常生活に関係があれば，それらはより実行しやすくなるだろう。)などと付け加えるとよい。
・第1パラグラフの最後に，Here are two examples.(ここに2つの例がある。)と書いて，後の2つのパラグラフにつながるようにするとよい。
・第2パラグラフでは，SDGs達成のためにできることの1つ目を，First, we can buy or order an appropriate amount of food to reduce food waste.(第1に，私たちは食品ロスを減らすために適切な量の食料を買ったり注文したりすることができる。)などと述べる。続けて，その理由や例を書く。We could donate a surplus to organizations, when we have bought too much.(買いすぎてしまったとき，私たちは余剰物を団体に寄付することができるだろう。)といった具体的な対応策を含めると，より説得力のある内容になる。
・第3パラグラフでは，SDGs達成のためにできることの2つ目を，Next, we can use paper straws.(次に，私たちは紙ストローを使うことができる。)などと述べる。続けて，その理由や例を書く。According to a website, there are some food-related companies that are trying to stop the use of plastic straws and instead use paper ones.(ウェブサイトによると，プラスチックストローの使用をやめて，その代わりに紙のものを使うようにしているいくつかの食品関連の会社がある。)といった具体的な情報を含めると，より客観的な内容になる。
・最後は，Taking small steps such as these in our daily lives can lead to the success of SDGs.(私たちの日常生活でこれらのような小さな対策を取ることはSDGsの成功につながる可能性がある。)などと締めくくるとよい。

Expressing source of information

1. **This article tells us** about the actions being taken by a chocolate company.
(この記事は私たちにチョコレート会社によって取られている行動について伝えてくれる。)
無生物主語に, tell, say, show といった動詞を続けて, 情報の出所を示すことができる。
⇨ The newspaper **says** that we will have a cold winter.
(新聞に，寒い冬になりそうだと書いてある。)
⇨ This report **shows** that the cat population can grow.
(この報告書を読めば猫の数が増える可能性があることがわかる。)

2. **According to** this website, some cafes are using paper straws in order to reduce plastic waste.
(このウェブサイトによれば，中にはプラスチック廃棄物を削減するために紙ストローを使っているカフェもある。)
according to ～は「～によれば」という意味で，前置詞的に用いる。

3. **Take a look at** this graph, which shows the percentage of people who are buying fair trade goods.
(このグラフを見なさい。それはフェアトレード商品を購入している人々の割合を示している。)
take[have] a look at ～で「～を見る」という意味を表す。ここで look は名詞。

4. **If you look at** Figure 1, **you can see** more and more people now recognize the term "SDGs."
(もし図 1 を見れば，あなたはますます多くの人々が現在「SDGs」という用語を認識しているということがわかるだろう。)
If you look at ～ , you can see (that) .... で「もし～を見れば，あなたは…ということがわかるだろう。」という意味を表す。～の部分が情報の出所を表している。

5. **Based on** this table, it can be said that many people in Japan want to contribute to the success of SDGs.
(この表に基づいて，日本の多くの人々が SDGs の成功に寄与したいと思っていると言うことができる。)
based on ～は「～に基づいて，～を根拠にして」という意味。また，be based on ～で「～に基づいている」という意味を表す。
⇨ The movie **is based on** a true story.
(その映画は実話に基づいている。)

補充問題

1 日本語に合うように，(　)内の語句や符号を並べ替えなさい。

1. ますます多くの人々が在宅勤務をしている。
(and / are / from / more / more / working / people) home.
____________________________________ home.
2. あらゆることを考えると，それが最善の方法である。
(is / it / all / the / best / things / considered / ,) method.
____________________________________ method.
3. この地図を見れば，あなたは水族館への行き方がわかる。
(to / to / how / map / you / this / get / tells) the aquarium.
____________________________________ the aquarium.
4. 図 2 を見なさい。それは自転車事故数の急激な増加を示している。
(a / at / in / of / take / look / which / increase / shows / a sharp / the number / Figure 2 / ,) bicycle accidents.
____________________________________ bicycle accidents.

2 次の日本語を英文に直しなさい。ただし，(　)内の語句で書き始めること。

1. その調査によると，多くの人々がテレビを見ることよりもインターネットにより多くの時間を費やしている。(According)
____
2. 天気予報では今日の午後に雨が降るだろうと言っていたが，降らなかった。(The weather)
____
3. もしそのグラフを見れば，あなたはこの国では出生率が急速に低下しているということがわかるだろう。(If you)
____
4. いくつかの研究の結果に基づいて，お金が幸福をもたらすとは限らないと言うことができる。(Based)
____

3 SDGs の 17 の目標のうち，あなたはどの目標に取り組んでみたいですか。あなたができることやあなたの考えを少なくとも 2 つのパラグラフで 200 語程度の英文で書きなさい。

____
____
____
____
____

Lesson 20 Importance of education

INPUT

要約

授業中，あなたは世界における学校教育の割合に関するクラスメイトのプレゼンテーションを聞いている。あとでその話題をクラスで話し合うために，配布資料にメモを取りなさい。

教科書本文

① *A.* According to a report / by the UNESCO Institute for Statistics: //
報告書によると / ユネスコ統計研究所による //

②Of the (1)________ million out-of-school children / of primary school age, /
(1)___百万人の非就学の子どものうち / 小学校の年齢の /

(2)________ million, / or more than one-half, / live / in (3)________. //
(2)___百万人が / すなわち半数以上 / 住んでいる / (3)___に //

③(4)________ has the second-highest number / of out-of-school children /
(4)___は2番目に多い数を持っている / 非就学の子どもの /

with (5)________ million. //
(5)___百万人で //

Options
選択肢

a. 59 (59) b. 32 (32) c. 13 (13) d. 75 (75) e. 30 (30) f. sub-Saharan Africa (サハラ砂漠以南のアフリカ)

g. Southern Asia (南アジア) h. Central Asia (中央アジア) i. Northern Africa and Western Asia (北アフリカと西アジア)

語句と語法のガイド

importance [ɪmpɔ́:rtəns]	名 重要性 ▶ important 形 重要な
education [èdʒəkéɪʃən]	名 教育 ▶ educational 形 教育の
UNESCO	熟 ユネスコ，国際連合教育科学文化機関 ▶ United Nations Educational, Scientific, and Cultural Organization の略
institute [ínstɪtjù:t]	名 研究所，協会，学会
statistics [stətístɪks]	名 統計(の数字)，統計学
out-of-school [aʊtəvsku:l]	形 学校に通っていない，非就学の
primary school	熟 《英》小学校 ▶《米》elementary school
age [eɪdʒ]	名 年齢
option [á(:)pʃən]	名 選択肢

本文内容チェック

小学校の年齢の非就学の子どもの数に関して，ユネスコ統計研究所の報告書からのデータが示されている。

解説

② **Of the (1)___ million out-of-school children of primary school age, (2)___ million, or more than one-half, live in (3)___.**

文の主語は(2)___ million, or more than one-half。

or は「つまり，すなわち」という意味の接続詞。

③ **(4)___ has the second-highest number of out-of-school children with (5)___ million.**

「〜番目に…な」は，最上級の前に序数を置いて表す。ここでは序数と最上級がハイフン(-)でつながれているが，ハイフンはなくてもよい。

with は付帯状況を表す。

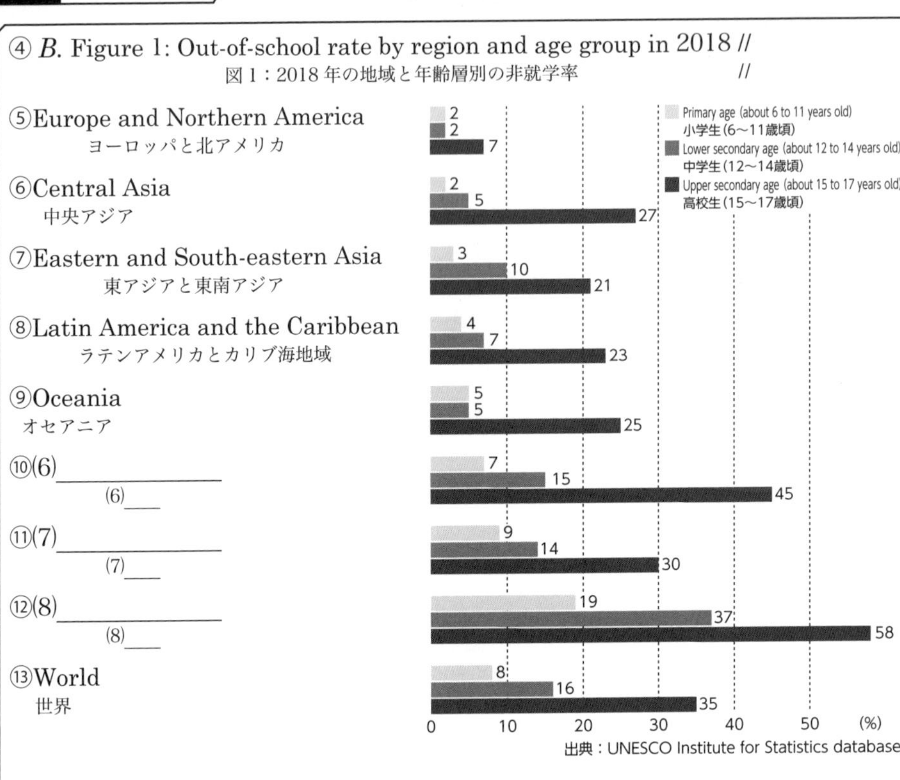

Options
選択肢

A. Southern Asia
南アジア

B. sub-Saharan Africa
サハラ砂漠以南のアフリカ

C. Northern Africa and Western Asia
北アフリカと西アジア

語句と語法のガイド

rate [reɪt] 名 割合，比率

region [ríːdʒən] 名 地域，地方 ▶ regional 形 地域の

本文内容チェック

2018 年の地域と年齢層別の非就学率に関する図が示されている。

解説

④ *B*. **Figure 1: Out-of-school rate by region and age group in 2018**

figure は「図」という意味。

by は「～ごとに，～別に」という意味の前置詞。

(例) The price varies by region.（その価格は地域ごとに異なる。）

OUTPUT

STEP 1

配布資料の図を見て，あなたが驚いたり興味を持ったりした結果を書き留めなさい。次に，それらをペアやグループで話し合いなさい。必要であれば次のフォーマットを，下線部分を変えて，使ってもよい。

(例)中央アジアでは，高等学校年齢の子どもたちの27%が学校に通っていない。小学校の年齢や中学校の年齢よりも高等学校の年齢の子どもたちがずっと少ない。

STEP 2

INPUT の図 1 であなたが興味を持つ場所や地域を 1 つ選び，その場所や地域の教育の現状を調査しなさい。次に，その状況を改善するために何をすることができるかについてペアやグループで話し合いなさい。必要であればメモを取りなさい。

!ヒント

・①a. あなたが興味のある場所や地域を，～ (does).「～(である)。」などと答える。
  b. ①a における教育の現状を述べる。Many children there ～ .「そこの多くの子どもたちは～。」などの表現を使うことができる。
・②a. ①b. の状況を改善するためにできることを述べる。国や機関でできるレベルのことでも，身近なことでもよい。
  b. ②a. の理由の 1 つを述べる。
・③ ②a. のもう 1 つの理由を述べる。

①a. あなたはどの場所や地域に興味がありますか。
  b. その場所や地域の教育の現状はどのようなものですか。
②a. その状況を改善するために何をすることができますか。
  b. 理由の 1 つは何ですか。
③ もう 1 つの理由は何ですか。

解答例

①a. Burkina Faso (does).(ブルキナファソ(である)。)
  b. Many children there have to work and therefore cannot go to school.
  (そこの多くの子どもたちは働かなければならないので学校に通うことができない。)
②a. Governments and organizations need to offer as much financial assistance as possible.
  (政府や機関はできるだけ多くの財政的支援を申し出る必要がある。)
  b. If they can escape from poverty, the children will not have to work.
  (もし貧困から逃れられれば，子どもたちは働く必要がなくなるだろう。)
③ Escaping from serious poverty will allow children there to have enough food and develop healthily.
  (深刻な貧困から逃れることは，そこの子どもたちが十分な食料を手に入れて健全に成長することを可能にする。)

STEP 3

あなたは世界の教育に関する現状を改善するために何をすることができるかについてディスカッションをする予定です。あなたの意見をまとめるために，少なくとも2つのパラグラフで200語程度を書きなさい。必要であれば，グラフや図のような資料を使いなさい。

！ヒント

・第1パラグラフで，あなたが興味を持っている場所や地域の教育の現状，第2パラグラフで，その状況を改善するために何をすることができるのか，およびその理由の1つ，第3パラグラフで，もう1つの理由を述べるような構成を考えるとよい。

・第1パラグラフの冒頭で，あなたが興味を持っている場所や地域を，Let's take ～ as an example.「～を例として取り上げましょう。」などと述べる。また,「貧困」というキーワードを使って，This country is facing serious problems because of poverty.(この国は貧困のせいで深刻な問題に直面している。)のように，国の現状を述べる。

・続けて，貧困のせいで子どもたちが働かなければならず，学校に通えない教育の現状を述べることができる。合わせて，Many young children cannot get enough food, which has a bad influence on their physical development and academic skills.(多くの幼い子どもたちは十分な食料を手に入れることができない。このことは彼らの身体的発達や学力に悪影響を与えている。)といった食料不足の悪影響も述べることができる。

・第2パラグラフでは，第1パラグラフで述べた教育の現状を改善するために何をすることができるのかを書く。まず，貧困から逃れるために，政府や機関による財政的支援の必要性を述べることができる。また，We are obliged to stay aware of the situation and donate money or send goods.(私たちは状況を意識し続けて，お金を寄付したり品物を送らなければならない。)のように，身近なレベルでできることについても触れるとよい。

・続けて，改善策の理由について書く。There are two reasons for this.(これには2つの理由がある。)などと書き始めるとよい。1つ目の理由として，例えば，Even though they are currently working, they cannot earn enough money and thus have to work more. Financial assistance will help them to break this vicious cycle.(現在働いているとしても，彼らは十分なお金を稼ぐことができず，したがってもっと働かなければならない。財政的支援は彼らがこの悪循環を断ち切ることを助けるだろう。)のように書くと，先に述べた改善策の重要性を強調することができる。

・第3パラグラフでは，改善策の2つ目の理由を述べる。例えば，貧困による栄養失調から多くの幼い子どもたちが亡くなっているため，食べることが勉強することよりも重要だと感じざるをえない状況であることを述べた上で，Improving their economic situation can allow them the chance to spend more time learning at school.(彼らの経済的な状況を改善することは彼らにより多くの時間を学校で学習することに費やす機会を与えることができる。)のように書くと，改善策の重要性を強調することができる。

・最後は，Therefore, I believe that financial assistance is vital.(それゆえに，私は財政的支援が不可欠だと信じている。)のように，一貫性のある主張で締めくくるとよい。

Expressing duty and obligation

1. We **should** donate to UNICEF so that many children in the world can have better education.
(世界の多くの子どもたちがよりよい教育を受けられるように，私たちはユニセフに寄付するべきである。)
should は「～すべきだ，～した方がよい」と義務・助言を表す。should は「～すべき」という日本語が表すほど強い意味はなく，must のような強制的な意味合いもない。また，〈should have ＋過去分詞〉で「～すべきだったのに(しなかった)」という意味を表す。主語が I と we のときは後悔を，それ以外は非難の気持ちを表すことが多い。
⇨ You **should have taken** his advice.
(あなたは彼の忠告を聞くべきだったのに(聞かなかった)。)

2. **I feel it is necessary to** take drastic measures and visit regions which need our help when we need to.
(私は私たちがしなければならないときに思い切った手段を取って，援助を必要とする地域を訪れることが必要であると感じる。)
I feel it is necessary to *do*. で「私は～することが必要であると感じる。」という意味を表す。ここで，it は形式主語で，to 以下が真主語。また，It is necessary that ～. で「～ということが必要である。」という意味を表す。that 節内では，《米》では通例 should は用いず原形(仮定法現在形)が用いられる。
⇨ **It is necessary that** we (should) share information.
(私たちは情報を共有することが必要である。)

3. We **must** research the reasons why students cannot attend school.
(私たちは生徒が学校に通うことができない理由を調査しなければならない。)
must は「～しなければならない」と義務・必要性を表す。must not は「～してはいけない」という強い禁止を表す。

4. You don't necessarily **have to** solve all the problems by yourself.
(あなたは必ずしも自分自身で全ての問題を解決する必要はない。)
have to *do* は「～しなければならない」という意味。客観的に見て，行う必要があるときに使われる。don't have to *do* は「～する必要はない」という意味。また，過去や未来における義務・必要性を表すには，had to *do* や will have to *do* を使う。

5. We **are obliged to** learn and face serious facts if we really want to improve the situation.
(もし本当に状況を改善したいのならば，私たちは重大な事実を知って向き合わなければならない。)
be obliged to *do* で「～しなければならない，～することを義務づけられている」という意味を表す。oblige の名詞形は obligation(義務)。

補充問題

1 **日本語に合うように，(　)内の語句や符号を並べ替えなさい。ただし，不足している1語を補うこと。**

1. 私は大学で，心理学，つまり心と行動の研究を専攻するつもりである。
I plan to (in / of / major / psychology / the mind / the study / ,) and behavior, at university.
I plan to ________________________ and behavior, at university.
2. その表は国と地域ごとの日本への留学生数を示している。
The table shows the number (of / to / country / Japan / international students / and region).
The table shows the number ________________________.
3. その記事を読む際に，留意しておかなければならない点がいくつかある。
In reading the article, (be / are / kept / some / that / there / points) in mind.
In reading the article, ________________________ in mind.
4. 全ての参加者が保護ヘルメットを着用しなければならない。
All the (are / wear / protective / obliged / hard hats / participants).
All the ________________________.

2 **次の日本語を英文に直しなさい。**

1. 世界で2番目に大きな国はカナダで，4番目に大きな国は中国である。
____
2. 私の意見では，日本政府は食べ物を廃棄することに反対する法律を作るべきである。
____
3. 私は勉強と部活動を両立させて高校生活をよりよいものにする必要があると感じる。
____
4. もしインターネットがなければ，私たちは他の人たちとコミュニケーションをとるために，電話をかけること，手紙，対面のやりとりに頼らなければならないだろう。
____

3 **いじめや体調などが原因で学校に通えない生徒が教育を受けるためには，何ができると思いますか。あなたの考えを少なくとも2つのパラグラフで200語程度の英文で書きなさい。**

____
____
____
____
____

Activate Discussion (2)

Situation

状況の要約

地理の授業で，SDGs について議論をする。議論では，SDGs を達成するためにクラスや学校で何ができるかについて話し合う。

1. グループを作って司会役を決める。
2. 話者は SDGs のうちの一つを指摘し，その目標を達成するためにできるアイデアを話す。
3. 司会役がそれについてコメントをする。それから，次の話者に移る。
4. 司会役が議論を結論づける。

Practice

議論しなさい：SDGs のうちの一つを選びなさい。その目標を達成するために計画を立てなさい。

SDGs のうちの一つ （例）Goal 15 LIFE ON LAND
（目標 15　陸の豊かさを守ろう）

！ヒント

- 計画を完成させるために，What our class / school can do「クラスまたは学校は何ができるか」，What will be the difficulties「何が困難になるか」，How you can deal with it「それにどのように対処できるか」の 3 点について考える。
- たとえば，What our class / school can do に対しては planting trees「植林を行う」，What will be the difficulties に対しては Some students think it is useless「一部の学生はそれが無駄であると考えている」，How you can deal with it に対しては learning what is advantages and disadvantages of planting trees「植林の利点や不利な点について学習すること」などが挙げられる。
- まずは司会役が議論を進行させ一人目の話者に話を振る必要がある。その際に，Let's talk about Goal 15 . ～, you go first.「目標 15 について話し合いましょう。～，あなたから始めましょう。」などと述べることができる。
- 一人目の話者は準備しておいた計画通りに What our class / school can do，What will be the difficulties，How you can deal with it の 3 点について説明をする。その際に，By ～, I think we can help achieve Goal 15 as a class.「～することによって，クラスとして目標 15 を達成することに貢献できると思います。」などと述べることができる。次に譲歩部分として，I know some of us do not really believe ～ is beneficial to save life on land.「陸の豊かさを守るために～することが本当に役に立つとは思っていない人がいることはわかっています。」などと述べた上で，In order to solve the problem, we have to ～ before starting to ....「この問題を解決するために，…をし始める前に，～する必要があります。」と解決策を提示することができる。

・次に司会役は一人目の話者の発言内容をまとめて，次の話者に話を振る。その際に，Thank you, ～ . You suggested ～ and you said although we have some problems, ... can contribute to save biodiversity on the earth.「～，ありがとう。あなたは～することを提案してくれ，いくつかの問題はあるけれど，…することで地球の生物多様性を守ることに貢献できると言ってくれましたね。」などと述べることができる。

解答例

・Let's talk about Goal 15. Yuka, you go first.
（Goal 15 について話し合いましょう。ユカ，あなたから始めましょう。）
・By planting trees, I think we can help achieve Goal 15 as a class.
（植林をすることによって，クラスとして目標 15 を達成することに貢献できると思う。）
・I know some of us do not really believe planting trees is beneficial to save life on land.
（陸の豊かさを守るために植林をすることが本当に役に立つとは思っていない人がいることはわかっている。）
・In order to solve the problem, we have to learn what are advantages and disadvantages of planting trees before starting to plant trees.
（この問題を解決するためにも，植林を始める前に，植林の利点と不利な点を学んでおく必要がある。）
・Thank you, Yuka. You suggested planting trees and you said although we have some problems, planting trees can contribute to save biodiversity on the earth.
（ユカ，ありがとう。あなたは植林をすることを提案してくれ，いくつかの問題はあるけれど，植林をすることで地球の生物多様性を守ることに貢献できると言ってくれたね。）

補充問題 解答

Lesson 1 (補充問題) (p.11)

1

1. so that he could win the game
2. much easier than I had expected
3. would not have succeeded in their business
4. that you should admit your own mistake

[解説]

1. 〈so that + S + can + V ～〉「S が V できるように」
2. much は比較級を強めている。than I had expected は「私が思っていたよりも」。
3. 仮定法過去完了の文。
4. I think that you should ～.「私はあなたが～するべきだと思う。」

2

1. If I were you, I would follow his advice.
2. Why don't you tell her what you think?
3. How about going to Australia to improve your English skills?
4. It would be better to accept her offer.

[解説]

1. 仮定法過去の文。If I were you「もし私があなたなら」
2. Why don't you ～？は「～してはどうですか。」
3. How about *doing* ～？は「～してはどうですか。」
4. 仮定法過去の文。It は形式主語で，to 以下が真主語。

3

(例)I think you should do the following two things so that you can concentrate on your online classes. First, you should manage your time as well as possible. It would be better to stop doing all the other things five minutes before the class. Second, eliminating something that prevents you from paying attention to your online classes is good for maintaining your concentration. Why don't you switch off your smartphone and ask your family not to disturb you during the class? By doing these two things, I think you can concentrate on your online classes and enjoy them more.(99 語)

[訳例]

私はあなたがオンライン授業に集中できるように次の２つのことをするべきだと思う。第１に，あなたはできるだけ上手に自分の時間を管理するべきである。授業の５分前に他の全てのことをするのをやめた方がよいだろう。第２に，オンライン授業に集中することを妨げるものを排除することは集中力を維持するのによい。授業中，スマートフォンのスイッチをオフにしたり，家族に邪魔をしないように頼んだりしてはどうか。これらの２つのことをすることによって，あなたはオンライン授業に集中してより楽しむことができると思う。

[解説]

まず最初に自分の考えを述べる。次に，First「第１に」，Second「第２に」などを使い，自分の考えに対する理由や詳細などを述べる。最後に結論を述べる。

Lesson 2 補充問題 (p.19)

1

1. is less useful
2. easy to read
3. Although[Though] he is
4. No matter how

[解説]

1. 〈less +原級〉は「〜より…でない」。「この辞書はあの辞書より役立たない。」
2. 〈be +難易度を表す形容詞など+ to *do*〉は「〜するには…である」。「この英語の小説は読みやすい。」
3. although[though] は「〜だけれども，〜にもかかわらず」と譲歩を表す接続詞。「彼は貧しいが，幸せである。」
4. 〈No matter how +形容詞[副詞]+ S + V〉は「S がどんなに V しても」。「あなたがどんなに一生懸命やろうとしても，それを 1 日で終わらせることはできない。」

2

1. A thirty-minute walk a day will help you stay healthy[maintain your health].
2. It is true that your plan is good, but it may be difficult to carry it out.
3. He attended the meeting in spite of illness.
4. Even if it rains heavily, she will go shopping.

[解説]

1. 無生物主語の文。〈help + O +動詞の原形〉「O が〜するのを助ける」
2. It is true that 〜, but .... 「確かに[なるほど] 〜だが，…。」
3. in spite of 〜「〜にもかかわらず」
4. even if「たとえ〜でも」

3

(例)I like electronic books better than paper ones. There are two reasons for that. First, electronic books are light and easy to carry. We can carry thousands of books anywhere in a single device. Second, electronic books are easy to access. All we need is a good Internet connection. There is no waiting time when we buy them, and we can download any book we want within a few minutes. Although some people say that turning pages with fingers provides a more fulfilling reading experience, I prefer electronic books to paper ones for the reasons mentioned above.(97 語)

[訳例]

私は紙の本よりも電子書籍の方が好きである。それには 2 つの理由がある。第 1 に，電子書籍は軽くて持ち運びしやすい。私たちはたった 1 つの装置で何千もの本をどこにでも持ち運ぶことができる。第 2 に，電子書籍はアクセスしやすい。私たちが必要なものはよいインターネット接続だけである。私たちがそれらを買うときに全く待ち時間はなく，数分でほしいどんな本もダウンロードすることができる。中には指でページをめくることがより満足感のある読書経験を与えると言う人もいるが，私は上記の理由から紙の本よりも電子書籍の方が好きである。

[解説]

まず最初に自分の考えを述べる。次に，First「第 1 に」, Second「第 2 に」などを使って，理由や詳細などを述べる。最後に自分の考えをもう 1 度述べる。冒頭の文をそのままではなく，できれば強化するように言い換えるとよい。

Lesson 3 補充問題 (p.29)

1

1. It is what you eat that determines
2. program helps improve your listening skills
3. a report about a link between diet and
4. His latest movie is influenced by

[解説]

1. 〈It is ～ that ....〉は強調構文で，「…なのは～だ。」という意味。
2. 〈help ＋動詞の原形〉「～するのを助ける」
3. a link between A and B「A と B の間の関連性」
4. influence は「～に影響を与える」という意味の他動詞。is influenced は受動態。

2

1. I wish I could act positively in any situation.
2. What caused you to[made you] change your mind?
3. Do you think lack of exercise is related to obesity?
4. There is a close relationship between supply and demand.

[解説]

1. 〈I wish ＋仮定法過去 .〉「(今)～であればよいのに。」
2. 〈cause ＋ O ＋ to *do*〉「O に～させる」
3. be related to ～「～と関係がある」
4. There is a relationship between A and B.「A と B の間に関係[関連]がある。」

3

(例)My daily habits are related to many different aspects of my life.

For example, I go to bed at 10 p.m. to have a good sleep every day. I think having enough sleep influences the brain, especially the memory. Also, getting up early in the morning makes me feel good and I have enough time to get ready for school. I want to keep these good habits.

However, I have a bad habit, too. I hardly do exercise, so I sometimes feel tired after P.E. It's not good for me. I think there is also a relationship between moderate exercise and good sleep. I'll try to do some exercise on weekends.(111 語)

[訳]

私の生活習慣は生活のいろいろな側面と関係がある。

例えば，私は毎日良質な睡眠をとるために午後 10 時に寝る。十分な睡眠は脳，特に記憶に影響を及ぼすと思う。また朝早く起きることは気持ちがいいし，余裕をもって学校の準備ができる。これらのよい習慣を続けていきたい。

しかし，悪い習慣もある。私はめったに運動しないので時々体育の後に疲れてしまう。これは良くないことである。適度な運動と良質な睡眠にもまた関係があると思う。週末に何か運動するよう心掛けたい。

[解説]

第 2 パラグラフで，継続したいと思っている習慣を述べている。具体的な例を示すときは，for example「例えば」といった表現を使うとよい。

第 3 パラグラフでは，変えたいと思っている習慣を述べている。第 2 パラグラフと対比するために，however「しかし」を文頭に用いている。

Lesson 4 補充問題 (p.37)

1

1. the most interesting one that I have
2. the quality of teaching depends on class size
3. according to the amount of work you do
4. decide that based on our discussions

[解説]

1. one = book。that は目的格の関係代名詞。
2. depend on ～「～次第である，～による」
3. according to ～「～に応じて，～次第で」
4. based on ～「～に基づいて」

2

1. He may have been a famous singer when (he was) young.
2. Bitter medicine will[does] not necessarily do you good.
3. Judging from the look of the sky, it will rain tomorrow.
4. Their decisions were often made on the basis of incorrect information.

[解説]

1. 〈may have ＋過去分詞〉「～した〔～だった〕かもしれない」
2. not necessarily は部分否定を表し，「必ずしも～とは限らない」という意味。
3. judging from ～「～から判断すると」
4. on the basis of ～「～に基づいて」

3

(例)I don't make a plan when I travel. Although we can find information about traveling on the Internet and from guidebooks, I don't check them before travels. There are two reasons for that.

First, I want to decide what to do according to the weather. If it rains, I'll look around the shops. If it's sunny, I'll swim in the pool. If it's cold, I'll visit a hot spring. It's easy to make a plan based on the weather and the temperature on the day.

Second, my traveling plan depends on my physical condition because I sometimes get headaches. That's my traveling style.(103 語)

[訳]

私は旅行に行く際に計画を立てない。インターネットやガイドブックで旅の情報を得ることはできるが，私は旅行の前にそれらを調べることはしない。それには2つの理由がある。

まず，天気によって何をするか決めたいからだ。雨ならお店を見て回る。晴れならプールで泳ぐ。寒いなら温泉を訪れる。その日の天気と気温に基づいて計画を立てるのは簡単なのだ。

次に，私は頭痛持ちなので旅行の計画は体調次第である。これが私の旅のスタイルだ。

[解説]

まず最初に，旅行に行く際に事前に計画を立てないという自分の立場を述べている。

There are two reasons for that.(それには２つの理由がある。)のように書いてから，理由を述べていくとよい。

according to the weather(天気によって)，based on the weather(天気に基づいて)のように同じ内容でも，表現を変えるとメリハリのある文章になる。

Lesson 5 補充問題 (p.47)

1

1. present at / その会合に出席した人々はそのニュースに驚いた。
2. want to / あなたはどこへでも行きたいところへ行ってよい。
3. substitute for / この箱は脚立の代わりとして使うことができる。
4. place of / このレシピではクリームの代わりに牛乳を使うことが可能である。

[解説]

1. present は「出席して」という意味の形容詞。
2. want to go と考える。to は代不定詞。
3. substitute「代理品[物], 代役」
4. in place of ～「～の代わりに」

2

1. He is looking for someone to help him with his homework.
2. Could you tell me how this medicine works?
3. Tourism will replace agriculture as the nation's main industry.
4. There was no alternative to the plan (that) she proposed.

[解説]

1. to help は不定詞の形容詞的用法。
2. how は関係副詞。(how 以下, 間接疑問ともとれる。)
3. replace「～に取って代わる」
4. alternative「代わり(となるもの)」

3

(例) These days, we can take English conversation lessons online. Some people say that online lessons can be a substitute for normal in-person lessons. However, I prefer normal in-person lessons to online lessons. I have two reasons for that.

First, it is difficult for me to listen to what teachers say online because I can't hear their English pronunciation clearly. On the screen, the movement of their tongues in the mouth can't be seen.

Second, there is sometimes a time lag depending on the internet connection. It may slow down our conversation pace. I think online lessons can't replace in-person lessons. (100 語)

[訳]

最近ではオンラインで英会話を学ぶことができる。オンライン授業は通常の対面授業の代わりになると言う人もいる。しかし私はオンライン授業より通常の対面授業のほうが好きである。それには2つの理由がある。

まず, オンラインでは先生の英語の発音をはっきりと聞き取れないため何を言っているのか聞くことが難しい。画面上では口の中の舌の動きが見えないのだ。

次に, オンラインでは通信状況によっていくらかタイムラグがある。それにより会話のペースが落ちてしまうかもしれない。オンライン授業は対面授業に取って代わることはできないと私は思う。

[解説]

I prefer normal in-person lessons to online lessons と, 自分の考えを述べる前に, 「オンライン授業は通常の対面授業の代わりになると言う人もいる。しかし私は…」と前置きがある。

Lesson 6 (補充問題) (p.53)

1

1. Changing jobs will make a big difference
2. make sure the dog doesn't go outside
3. The fire resulted in serious damage to
4. We ended up having to postpone

[解説]

1. changing は動名詞。make a difference「違いをうむ」
2. make sure (that) ～は「確実に～する」という意味で，～の部分は節〈S + V〉。
3. result in ～「～という結果に終わる」
4. end up *do*ing「最終的に[結局]～することになる」

2

1. It is not so easy to cut down on expenses.
2. By walking about thirty minutes a day, we can stay healthy.
3. The accident was caused by an error on the part of the driver.
4. Eating too much may lead to sickness[illness / disease].

[解説]

1. It is ～ to *do*.「…するのは～である。」cut down on ～「～を減らす」
2. by *do*ing「～することによって」
3. was caused は受動態。
4. eating too much が主語で，eating は動名詞。lead to ～「～を引き起こす」

3

(例)You are so busy at the club activities that you don't have enough time to study. I'd like to advise you to go to bed early and get up early in the morning. You must be tired after the club activity and it is not good for your health to stay up late at night. So you should make time for studying in the morning instead of at night. In addition to that, if you go to school by train or bus every day, you should study while commuting. By making use of your commuting time, you can read textbooks, listen to English, and so on.(106 語)

[訳]

あなたは部活動で忙しくて十分な勉強時間を確保できていない。私はあなたに，早く寝て朝早く起きるようアドバイスを送りたい。部活動のあとで疲れているに違いないし，夜ふかしは健康によくない。だから，夜ではなく朝に勉強するための時間を確保すべきだ。それに加えて，もしあなたが毎日電車やバスで通学しているのならば，通学中に勉強すればよい。通学時間を活用することによって，教科書を読んだり英語を聞いたりできるのだ。

[解説]

1つ目のアドバイスとして，早寝早起きを挙げている。You must be tired after the club activity and it is not good for your health to stay up late at night.(部活動のあとで疲れているに違いないし，夜ふかしは健康によくない。)のように，具体的に理由を述べることが大切である。

2つ目のアドバイスを続けて述べる際に，in addition to that「それに加えて」といった表現を使うことができる。通学時間を活用して，教科書を読んだり英語を聞いたりすることができるといった具体的なことを示すとよりよいアドバイスになる。

Lesson 7 補充問題 (p.63)

1

1. was encouraged to begin playing the guitar
2. given up the idea of studying abroad
3. Thousands of people have been negatively affected by
4. had a very positive effect on

[解説]

1. be encouraged to *do*「～するように奨励される」
2. of は「同格」を表し，〈名詞＋ of ＋(動)名詞〉で「～という…」という意味。
3. affect は「～に影響を与える」という意味の他動詞。
4. have a positive effect on ～「～によい影響を与える」

2

1. I'm glad to hear (that) you enjoyed participating in the activity.
2. We aren't surprised that she is angry with her husband.
3. Using your smartphone for long hours is harmful to your eyes.
4. This study[research] shows both positive and negative aspects of AI[artificial intelligence].

[解説]

1. 〈be 動詞＋形容詞＋ to *do*〉「～して…だ」
2. be surprised that ～「～ということに驚く」
3. be harmful to ～「～に害を及ぼす」
4. positive「よい」, negative「悪い」, aspect「側面」

3

(例)I think there're many positive aspects about both individual sports and team sports.

For individual sports, I can improve my ability to judge the situation and think what to do next by myself. For example, I belong to the tennis club at school. When I play singles, I always make game plans by myself. That has a positive effect on my determination.

On the contrary, when I play doubles, I talk with my partner about the game plans and our play during the game. I can learn how to cooperate with my teammates through team sports. On this point, it has huge benefits for our cooperation.(106 語)

[訳]

個人競技と団体競技の両方によい側面がたくさんあると思う。

個人競技においては，自分一人で状況を判断して次に何をすべきか考える力を養うことができる。例えば，私は学校でテニス部に所属している。シングルスをするときはいつも自分で試合の作戦を立てている。これは決断力によい影響を与えている。

反対に，ダブルスをするときは作戦や自分たちのプレーについて試合中にパートナーと相談している。団体競技を通して，チームメイトと協力する方法を学べるのだ。この点で，協調性においてとても利点がある。

[解説]

第2パラグラフは，For individual sports, ...(個人競技においては，…)と書き始め，個人競技のよい点を述べている。

第3パラグラフでは，団体競技を個人競技と対比するために，on the contrary(反対に)を文頭に用いている。

Lesson 8 補充問題 (p.69)

1

1. whether to go / 彼女は病院に行くべきかどうか決められない。
2. Unlike other applications / 他のアプリ(ケーション)とは違って，これはとても使いやすい。
3. as opposed to / 前年の 200 人に対比して，今年は 400 人が会議に出席した。
4. totally different from / あなたの意見は私の意見と全く異なっている。

[解説]

1. whether to *do* or not「～するべきかどうか」
2. unlike は「～とは違って」という意味の前置詞。
3. as opposed to ～「～に対比して」
4. be different from ～「～と異なる」

2

1. I'm good at team sports, such as soccer, basketball, and volleyball.
2. We didn't expect him to stay here so long.
3. There is a huge difference between these two plans.
4. Social customs vary from country to country.

[解説]

1. such as ～「例えば～」
2. 〈expect + O + to *do*〉「O が～することを期待する」
3. difference は「違い」という意味の名詞。
4. vary は「異なる」という意味の自動詞。

3

(例)In my opinion, to communicate face to face is better than by email. There are two reasons for that.

First, as opposed to email, we can express directly our thoughts and feelings face to face. For example, when we talk with our friends, the eye contact and gestures can be effectively used to express our anger, happiness, consideration, and so on.

Second, there is a big difference between them regarding to the tone of voice. I think the tone plays an important role in getting the nuance of the conversation. We can't deliver the message with tone by email.

For these reasons, we should give our thoughts face to face.(110 語)

[訳]

私の意見では，メールよりも直接伝え合うほうがよい。それには２つの理由がある。

まず，メールとは対照的に，自分の考えや感情を対面で直接表すことができる。例えば，友達と話しているとき，怒りや嬉しさ，思いやりなどを伝えるために視線や身振りを効果的に使うことができる。

次に，声のトーンという点において，両者には大きな違いがある。会話のニュアンスを読みとるためにトーンは重要な役割を果たすと思う。メールではトーンを伴ってメッセージを送ることはできないのだ。

これらの理由から，自分の考えを相手に直接伝えるべきだ。

[解説]

相違を表すために，as opposed to ～（～とは対照的に），There is a big difference between ～.「～の間には大きな違いがある」といった表現を使うとよい。

Lesson 9 補充問題 (p.79)

1

1. a new tool that helps students improve
2. twice as many books as I have
3. Depending on how it is used
4. Just as the French love their wine

[解説]

1. that は主格を表す関係代名詞。〈help＋O＋原形不定詞〉「O が～するのを助ける」
2. 〈twice as many＋複数名詞＋ as ～〉「～の 2 倍の数の…」
3. depending on ～「～次第で」。how は関係副詞。
4. just as ～「～と全く同じように」

2

1. That was one of the worst movies that I had ever seen.
2. It was obvious that she was lying.
3. Fuel prices have been increasing recently. In a similar way, food prices have been rising significantly.
4. As with his father, he is well known as a poet.

[解説]

1. 〈one of＋複数名詞〉「～のうちの 1 つ」。that は目的格を表す関係代名詞で，先行詞は the worst movies。
2. It is obvious that ～.「～ということは明白である。」
3. in a similar way「同様に」
4. as with ～「～と同様に」

3

(例)The internet is very useful because we can find the information we want only by typing the keywords. When we want to know about something, it takes less time to use the internet than to look it up in books. We don't have to go to the libraries or borrow books today. There is an ocean of knowledge on the internet.

On the contrary, just as we can find a lot of useful information, there is also wrong information on the internet. We have to examine the information in order not to believe or use the incorrect information. We must be careful about the authenticity of information. (107 語)

[訳]

インターネットはキーワードを打ち込むだけでほしい情報を得られるのでとても便利だ。何かについて知りたいとき，本で調べるよりもインターネットを使うほうが速い。今では図書館に行ったり本を借りたりする必要はないのだ。インターネット上には海のように大量の情報があるのだから。

一方で，便利な情報をたくさん見つけられるのと同じように，インターネット上には誤情報も存在する。誤った情報を信じたり使ったりしないように，情報を精査する必要がある。私たちは情報の信ぴょう性に注意しなければならない。

[解説]

第 1 パラグラフで，インターネットで情報を利用することの有利な点を述べている。

続く第 2 パラグラフで，不利な点を述べるわけだが，On the contrary, just as we can find a lot of useful information, ...(一方で，便利な情報をたくさん見つけられるのと同じように，…)のように，有利な点と比較しながら書き始めると，スムーズな流れになる。

Lesson 10 補充問題 (p.85)

1

1. to the opinions of others in appropriate ways
2. to stay home because of the typhoon
3. Due to injury, our captain was forced
4. As a result of heavy rain

[解説]

3. due to ～「～のために，～が原因で」
4. as a result of ～「～の結果として」

2

1. The man is not what he used to be ten years ago.
2. It was difficult to judge if[whether] his story was true (or not).
3. Her son had a fever. For this reason, she went home earlier than usual.
4. There are still many things to discuss. Therefore, we must return to this item at our next meeting.

[解説]

1. used to *do* ～「(以前は) ～していた」
2. if[whether] は接続詞で「～かどうか」という意味。
3. for this reason「この理由から」
4. therefore は副詞で「それゆえに，したがって」という意味。

3

(例)There are some things we should keep in mind when we study with tablets or smartphones.

First, we had better not use them too much in a day. They emit a blue light, which is bad for our eyes. We should take a rest while studying.

Second, we can use them anytime and anywhere we want. Therefore, we often study with them in a bad position, for example, lying on a sofa. We should sit in a correct position when we study.

Third, because we study without actually writing, we don't have the chance to learn how to write words on paper. We should study not only with tablets and smartphones but also with paper and a pencil.(118 語)

[訳]

タブレットやスマートフォンで学習する際に覚えておくべきことがいくつかある。

1つ目に，一日にそれらを使い過ぎてはいけない。それらはブルーライトを放出するが，目に良くない。勉強中は休憩をとるべきである。

2つ目に，私たちは好きなときに好きな場所でそれらを使うことができる。したがって，ソファの上に寝転がったりして悪い姿勢でそれを使って勉強することがよくある。勉強する際は，正しい姿勢で座るべきだ。

3つ目に，実際に書かず勉強するので，紙に言葉の書き方を学ぶ機会がない。タブレットやスマートフォンだけでなく，紙と鉛筆を使った学習もするべきだ。

[解説]

タブレットやスマートフォンを使って学習する際の適切な使用法について，3つの点から述べている。

Lesson 11 補充問題 (p.95)

1

1. the graph that[which] shows a sharp increase in the number
2. can't afford to have a house any longer
3. Chances are that Tom will be
4. It is often the case that

[解説]

1. that[which] は主格を表す関係代名詞。
2. can afford to *do*「～する余裕がある」
3. Chances are that ～.「おそらく～だろう。」。that 以下には〈S + V ～〉が続く。
4. It is often the case that ～.「～であることがよくある。」

2

1. I don't think (that) he plays an important role in the drama.
2. Mary hasn't arrived yet. She may have missed the bus.
3. The weather forecast says (that) [According to the weather forecast,] the typhoon is likely to approach Japan.
4. It is probable that my uncle will lose his job.

[解説]

1. don't think (that) ～「～でないと思う」。play a ～ role in ...「…で～の役割を果たす」
2. 〈S + may + have +動詞の過去分詞～〉は,「S は～した[だった]かもしれない」という意味。過去の事柄に対する現在の推量を表す。
3. be likely to *do* は「～する可能性が高い」という意味。
4. It is probable that ～.「おそらく～だろう。」。that 以下には〈S + V ～〉が続く。

3

(例)I would rather work at the office than work from home. I have two reasons for that.

First, I think employees are likely to communicate with each other at the office. It would be easy for me to talk to coworkers at the same office, while it would take more time to call them from home.

Second, there is definitely everything employees need for work at the office, like PCs, copy machines, scanners, and so on. If I work from home, I will have to prepare them at my house.(90 語)

[訳]

私は在宅勤務よりむしろ職場勤務をしたいと思う。それには 2 つの理由がある。

まず,職場では従業員がお互いコミュニケーションをとりそうだと思う。同じ職場にいる同僚に話しかけることは簡単そうだが,一方で家から電話をするのはもっと時間がかかりそうだ。

次に,職場には従業員が仕事で必要とするものがまちがいなく全て揃っている,例えばパソコンやコピー機,スキャナーなどである。もし在宅勤務をするのなら,それらを自宅に揃えなければならないだろう。

[解説]

在宅勤務と職場勤務のどちらを好むか,自分の考えを述べる。ここでは,職場勤務を選び,I have two reasons for that. と前置きをした上で,2 つの理由を述べている。

可能性を表すために,be likely to *do*「～する可能性が高い」, definitely「間違いなく」といった表現を使うことができる。

Lesson 12 補充問題 (p.101)

1

1. It is necessary that you start
2. considered as a target to be achieved [considered to be achieved as a target]
3. at eight, arriving at Tokyo Station at ten
4. instead of going there by bus

[解説]

1. It は形式主語で，that 以下が真主語。
2. to be achieved は不定詞の受動態で，形容詞的用法。
3. arriving は分詞構文。＝ at eight, and arrived at Tokyo Station at ten
4. instead of ～「～の代わりに」

2

1. It is necessary to prepare for the worst (case).
2. She said (that) she was sick[ill] in bed, which was a lie.
3. Who is the man standing with his hand(s) in his pocket(s)?
4. The new employee has experience as well as knowledge.

[解説]

1. It は形式主語で，to 以下が真主語。
2. 関係代名詞 which の非限定用法。先行詞は節((that) she was sick[ill] in bed)。
3. 付帯状況を表す with。
4. A as well as B「B だけでなく A も」

3

(例)These days, I sometimes hear the phrase "Diversity Education", which means the education for students who have various individual aspects. Many different educational systems are needed at school today.

For example, some students are good at speaking in front of others, but others are not. Teachers should evaluate them from different points of view instead of just giving the latter a bad evaluation. In addition to that, students should learn about sports for disabled people as well as non-disabled people. I think it is important to play blind soccer and sitting volleyball with classmates in P.E. class. They can have new thoughts through the sports.(105 語)

[訳]

最近，私は「ダイバーシティ教育」という表現をときどき耳にするが，それはそれぞれいろいろな属性をもった生徒のための教育を意味する。今日ではさまざまな異なる教育制度が学校で必要とされているのだ。

例えば，人前で話すのが得意な生徒もいれば，そうでない生徒もいる。教師は後者の生徒にただ低い評価を与えるのではなく，違った視点で彼らを評価すべきである。また，生徒は障がいのない人々だけでなく身体が不自由な人々のためのスポーツも学ぶべきである。体育の授業でクラスメイトとブラインドサッカーやシッティングバレーボールをすることは大切だと思う。彼らはそのスポーツを通して新しい考えをもつことができる。

[解説]

第 1 パラグラフでは，学校生活で多様性が必要であることを，「ダイバーシティ教育」の説明とともに述べている。関係代名詞 which の非限定用法が使われている。

第 2 パラグラフで，具体的にどのような場面で多様性が必要か，2 つの観点から述べられている。

Lesson 13 (補充問題) (p.111)

1

1. remember the message displayed on the screen
2. On the other hand, few people exercise
3. Some students like math, and others
4. In contrast, his brother is shy

[解説]

1. displayed は過去分詞の形容詞的用法。
2. on the other hand「その一方で」
3. Some ～, and others ....「～なものもあれば，…なものもある。」
4. in contrast「対照的に」

2

1. The best way is to do one thing at a time.
2. I had the engineer repair[fix] my computer.
3. I'm becoming more and more interested in history.
4. My father prefers eating at home, whereas my mother prefers eating out.

[解説]

1. to *do* は不定詞の名詞的用法で，文の補語。
2. have は使役動詞。〈have ＋ O ＋原形不定詞〉「O に～させる, O に～してもらう」
3. 〈比較級＋ and ＋比較級〉「ますます～」
4. whereas は「その一方で～」という意味の接続詞。

3

(例)Have you ever tried online shopping? It is a very useful system for buying things on the internet. We can find anything we want and pay money with electronic payment on the internet. We don't have to go to shops, wait for the registers, take time to pack things into bags and carry them home. Moreover, it's not necessary to care about when the shops are open. Some shops are closed weekdays, others are closed weekends. It is hard for us to check when the shops are open or closed before shopping. We don't have to check them for online shopping. We can enjoy shopping anytime and anywhere with smartphones.

On the other hand, there are some disadvantages to it. It is true that we can buy things without going to shops, but the things can be different from what we expected. For example, I bought a T-shirt on the internet, but it was bigger than I had imagined. It's not good enough to judge the things only by pictures on the screen. In addition, delivery service can be sometimes delayed. If we want things in a hurry, we should go to shops to get them.(196 語)

[訳]

ネットショッピングをしたことがありますか。それはネット上で買い物ができるとても便利なシステムである。ほしいものを何でも見つけることができて，電子決済による支払いもネット上で可能だ。店に行くことも，レジで待つこともなく，商品をカバンに入れるのに時間をかけたりそれを家まで運んだりする必要もない。さらに，店がいつ開いているのかを気にする必要がない。平日に休みの店もあれば，週末に休みの店もある。いつ店が開いているのか閉まっているのか，買い物をする前に確認するのは大変である。ネットショッピングではそれらを気にする必要はない。スマートフォンがあれば，いつでもどこでも買い物を楽しむことができるのだ。

その一方で，デメリットもいくつかある。店に行かずに商品を買うことができるのは事実だが，商品が想像していたものと異なることもある。例えば，私はネットショッピングでTシャツを買ったのだが，それは想像していたよりサイズが大きかった。画面上の写真だけで商品を判断するのは十分ではない。加えて，配達が遅れることもあるだろう。急いで物がほしいときは，店に買いに行くべきである。

[解説]

第1パラグラフで，ネットショッピングのメリット，第2パラグラフで，そのデメリットについて述べる構成になっている。

第1パラグラフの第2文で，It is a very useful system for buying things on the internet.(それはネット上で買い物ができるとても便利なシステムである。)と，ネットショッピングとは何かを述べている。

1つ目のメリットとして，ほしいものを何でも見つけることができ，電子決済による支払いが可能であることが書かれている。

2つ目のメリットとして，店がいつ開いているのかを気にする必要がないことが挙げられている。1つ目のメリットとのつなぎとして，moreover「さらに」が使われている。

実際の店舗で買い物をする場合，事前にいつ開いているのか確認する必要がある理由を，Some shops are closed weekdays, others are closed weekends.(平日に休みの店もあれば，週末に休みの店もある。)と述べている。We can enjoy shopping anytime and anywhere with smartphones.(スマートフォンがあれば，いつでもどこでも買い物を楽しむことができるのだ。)のように，メリットを強調する形で，第1パラグラフが締めくくられている。

第2パラグラフでは，ネットショッピングのデメリットが述べられている。第1パラグラフにつながるように，on the other hand「その一方で」が使われている。

1つ目のデメリットとして，注文した商品が想像していたものと異なることがあると書かれている。ネットショッピングで自分が買ったTシャツが大きすぎたという体験談を述べた上で，It's not good enough to judge the things only by pictures on the screen.(画面上の写真だけで商品を判断するのは十分ではない。)と，デメリットを強調している。

2つ目のデメリットとして，配達が遅れることがあると書かれている。1つ目のデメリットとのつなぎとして，in addition「加えて」が使われている。

Lesson 14 補充問題 (p.117)

1

1. the rich will get richer and the
2. cost a lot and take time
3. Personally, I don't think he is coming
4. It seems to me that something

[解説]

1. 〈the ＋形容詞〉「〜な人々」
2. cost は「〈費用〉がかかる」, take は「〈時間〉がかかる」という意味。
3. personally は「個人的には」という意味の副詞。
4. It seems to me that 〜.「私には〜のように思われる。」

2

1. The young should be kind to the old[elderly].
2. I believe (that) your dream will come true someday.
3. In my opinion, diligence is the key to success.
4. There is no doubt that the earth's climate is changing.

[解説]

1. the young ＝ young people, the old[elderly] = old[elderly] people
2. I believe (that) 〜.「私は〜ということを信じている。」
3. in my opinion「私の意見では」
4. There is no doubt that 〜.「〜ということは疑いようがない。」

3

(例) These days, we have a problem with the wage gap between men and women. Men tend to draw higher wages than women in society. Why does it happen? I read an article about this problem the other day.

First, the article says that it is very hard for some women to get paid as much as men. That is because they have to leave their work for a while due to giving birth or taking care of their children. For example, when I had a cold as a child, my mother used to be absent from her work instead of my father to take care of me. It seems to me that many more women have to be absent from work than men for this reason. In my opinion, in order not to widen this wage gap between men and women, both fathers and mothers should cooperate in a family. More fathers should try to take care of their children as well as mothers.

Second, there should be more female executives in companies. The article says the number of female executives has been increasing recently but that is not enough. I believe that more women should be assigned to managerial positions to solve this problem of the wage gap for men and women. (213 語)

[訳]

最近，男女の賃金格差が問題になっている。社会では女性より男性のほうが高い賃金をもらっている傾向にある。それはなぜだろうか。私は先日この問題に関するある記事を読んだ。

まず，記事によると，一部の女性は男性と同じだけの賃金をもらうことはとても厳しい。

なぜなら彼女らは出産や育児である程度の間仕事を離れなければならないからだ。たとえば，私が子どものころ熱を出したときは，父の代わりにいつも母が仕事を休んで私を看病してくれたものだ。私にはこの理由で仕事を休まなければならないのは男性よりも女性が多いように思える。私の意見では，この男女間の賃金格差を広げないために，家庭の中で父親と母親の両方が協力すべきだ。もっと多くの父親が，母親と同じように育児をするように努めるべきだ。

次に，会社の女性役員がもっと増えるべきだ。記事によると，最近では女性役員の数は増えているそうだが，それでもじゅうぶんではない。私は男女の賃金格差の問題を解決するために，もっと多くの女性が管理職につくべきだと考える。

[解説]

第1パラグラフで，男女の賃金格差とは何か，第2パラグラフで，男女の賃金格差の理由とその解決策，第3パラグラフで，もう1つ解決策について述べる構成になっている。

第1パラグラフの第2文で，Men tend to draw higher wages than women in society.(社会では女性より男性のほうが高い賃金をもらっている傾向にある。)と，男女の賃金格差の現状を述べている。

全体を通して，自分が先日読んだ男女の賃金格差問題に関する記事の内容が，The article says (that) ....(記事によれば，…である。)のように書かれている。客観性を持たせるために，引用やデータを用いることは効果的である。

第2パラグラフでは，出産や育児で仕事を離れなければならないために，一部の女性は男性と同じ賃金をもらうことが厳しいという記事の内容を書いている。続けて，自分が子どものころに熱を出すと，父親ではなく母親が仕事を休んで看病してくれた体験を述べた上で，It seems to me that many more women have to be absent from work than men for this reason.(私にはこの理由で仕事を休まなければならないのは男性よりも女性が多いように思える。)と，男女の賃金格差の理由を強調している。

男女の賃金格差問題の解決策として，家庭内で父親と母親が協力して育児を引き受けるべきだ，と述べている。in my opinion「私の意見では」という表現を使っている。

第3パラグラフでは，男女の賃金格差問題のもう1つの解決策として，会社の女性役員がもっと増えるべきだと述べている。また，締めくくりとして，I believe that more women should be assigned to managerial positions(もっと多くの女性が管理職につくべきだと考える。)と，I believe (that) ～. を使って，自分の意見を述べている。

Lesson 15 補充問題 (p.127)

1

1. that youth crime is on the rise
2. three times as high as it was
3. This year has seen a big increase in
4. to the university has stayed almost the same

[解説]

1. on the rise「上昇中で」
2. times を用いた倍数を表す語句は〈as ＋原級＋ as〉の直前に置く。
3. 時代などの主語に続く see は「〜を目撃する，〜に遭遇する」という意味。
4. stay almost the same「ほとんど同じままである」

2

1. One of the causes of climate change is deforestation.
2. The product made a great hit last year, resulting in a 30% increase in sales.
3. It is said that practice makes perfect.
4. The number of foreign tourists has been increasing rapidly in Japan.

[解説]

1. one of 〜「〜のうちの1つ」は単数で扱うので，is で受けていることに注意。
2. resulting は分詞構文。result in 〜「〜という結果に終わる」。increase は名詞。
3. It is said that 〜.「〜と言われている。」
4. the number of 〜「〜の数」は単数で扱うので，has で受けていることに注意。

3

(例)We have a lot of natural disasters in Japan every year, such as earthquakes, heavy rain, typhoons, and so on. They sometimes cause big damage to people's lives. What can we do for that? I have two ideas.

First, we should stop cutting down trees and keep forests on mountains. Forests prevent floods and landslides. Actually, the middle of the Edo period saw a lot of floods and landslides because people had cut down many trees for land development. Many people suffered from them at that time. In 1666, the government ordered that cutting trees on the mountains be stopped to prevent floods and landslides. There must be enough trees not to be damaged by floods.

Second, as the textbook says, Japan has experienced 1.5 times more torrential rain compared to the 10 years from 1975 to 1985. This kind of abnormal weather is caused by global warming. The higher the average temperature becomes, the more rain we have. To protect lands and rivers from flooding, we should reduce the emission of CO_2, which causes global warming. In our daily lives, it is important for us not to waste energy. We must stay aware of this problem.(197 語)

[訳]

日本では毎年多くの自然災害がある，例えば，地震，大雨，台風などである。それらは人々の生活に甚大な被害をもたらすことがある。我々はそのために何ができるだろうか。私には2つの考えがある。

第一に，山の木々の伐採をやめて，森林を保護すべきである。森林は洪水や土砂崩れを防いでくれる。実際に，江戸時代中期には人々が土地開発のために多くの木を切ったため洪水や土砂崩れが多く発生した。当時，多くの人々がそれに苦しんだ。1666 年には，幕府は洪水や土砂崩れを防ぐために山の伐採をやめるようお触れを出した。洪水の被害を受けないためにある程度の木々がなければならないからだ。

第二に，教科書にあるように，日本は 1975 年～ 1985 年の 10 年に比べて 1.5 倍の豪雨を経験してきた。この種の異常気象は地球温暖化により引き起こされている。平均気温が上がれば上がるほど，より多くの雨が降るのだ。土地や河川を洪水から守るために，地球温暖化を引き起こす二酸化炭素の排出を減らすべきである。普段の生活の中ではエネルギーを無駄遣いしないことが重要だ。私たちはこの問題を意識し続けなければいけない。

[解説]

自然災害の現状を，第 1 パラグラフで，自然災害による被害を減らすためにできることを，第 2，3 パラグラフで述べる構成になっている。

第 1 パラグラフで，日本では毎年多くの自然災害があり，人々の生活に甚大な被害をもたらすことがあることを述べている。..., such as earthquakes, heavy rain, typhoon, and so on（…，例えば，地震，大雨，台風など）のように具体例を述べているが，その際，あとのパラグラフで触れることを含めるようにするとよい。

第 2 パラグラフでは，自然災害による被害を減らすためにできる 1 つ目のこととして，山の木々の伐採をやめて，森林を保護するべきだと述べている。

主張の根拠として，江戸時代の具体例を，Actually, the middle of the Edo period saw a lot of floods and landslides because people had cut down many trees for land development.（実際に，江戸時代中期には人々が土地開発のために多くの木を切ったため洪水や土砂崩れが多く発生した。）のように挙げている。

第 3 パラグラフでは，地球温暖化を引き起こす二酸化炭素の排出を減らすことを，自然災害による被害を減らすためにできる 2 つ目のこととして述べている。

私たちが身近でできることとして，In our daily lives, it is important for us not to waste energy. We must stay aware of this problem.（普段の生活の中ではエネルギーを無駄遣いしないことが重要だ。私たちはこの問題を意識し続けなければいけない。）のように述べて，文章を締めくくっている。

Lesson 16 補充問題 (p.135)

1

1. by harmful substances is called pollution
2. single-use plastics, which causes plastic pollution
3. the amount of plastic waste we produce
4. To summarize, this book is a good introduction

[解説]

1. 文の主語はDamage 〜 substances。〈SVOC〉文型の受動態。
2. which は非限定用法の関係代名詞。先行詞は「人々が1回だけ使われて捨てられるプラスチック製品に依存していること」。
3. It is urgent that 〜.「〜ということが急務である。」。the amount of 〜「〜の量」。waste と we の間に目的格の関係代名詞が省略されている。
4. to summarize「要約すると」

2

1. In the end, we will be able to save a lot of time and money.
2. In summary, there are many things (that[which]) we can do to protect the environment.
3. In sum, all you have to do is (to) wait.
4. In conclusion, I'd like to say (that) her constant efforts brought (about) peace.

[解説]

1. in the end「最後には」。will be able to *do*「〜することができるだろう」
2. in summary「要約すると」。things と we の間の目的格の関係代名詞は省略可能。to protect は目的を表す不定詞の副詞的用法。
3. in sum「要するに」。All you have to do is (to) *do*.「あなたがやらなければならないことは〜することだけである。」
4. in conclusion は「結論として」。I'd like to say (that) 〜.「私は〜と言いたい。」

3

(例)We produce a lot of garbage and waste every day. They have accumulated more and more on the earth and it is a big problem to deal with them. Then, how about trash in space? Have you ever imagined how much trash there is in space? I will write about it.

There are a lot of objects around the earth that were created by human activities. However, some of them now have no useful purposes. In sum, they are the trash in space, which is called "space debris". It has a risk of falling down on the earth or crashing to other satellites. So today, many countries have worked on the management of space debris. As for Japan, JAXA has worked with the company which sells nets for fishing to make space debris fall down to the earth's atmosphere because it can vanish when it is entering there. It uses special ropes and a laser to change the orbit of space debris. I think all the developed countries should work on this problem together. We should think about trash not only on the earth but also in space. (188語)

[訳]

私たちは毎日多くのごみや廃棄物を出している。それらは地球上にどんどん堆積されていて，その処理は大きな課題である。では，宇宙のごみはどうだろうか。宇宙にどれほど多くのごみがあるか，想像したことはあるだろうか。それについて書こうと思う。

地球の周りには人類の活動により創られた物体が多くある。しかしもうその役目を終えたものもある。つまり，それらが宇宙におけるごみであり，「スペースデブリ」と呼ばれるものである。それは地球に落下したり他の衛星に衝突したりする危険をはらんでいる。そのため今日では，多くの国がスペースデブリの管理に取り組んでいる。日本に関しては，JAXA が漁業網を販売している企業と提携してスペースデブリを地球の大気圏に落とそうとしている。なぜならそれは大気圏に突入するときに消失するからだ。スペースデブリの軌道を変えるために特別なロープやレーザーを使っている。私は，すべての先進国がこの課題に手を取り合って取り組むべきだと思う。私たちは地球上だけでなく宇宙のごみのことも考えるべきだ。

[解説]

第 1 パラグラフの第 1，2 文で，私たちが毎日出しているごみや廃棄物が地球上にどんどん堆積され，今やその処理が大きな課題となっていることを述べている。続けて，ここでは宇宙のごみについて書くことを述べている。

第 2 パラグラフでは，まず，「スペースデブリ」について説明している。それが地球に落下したり他の衛星に衝突したりする危険をはらんでいるとした上で，So today, many countries have worked on the management of space debris.（そのため今日では，多くの国がスペースデブリの管理に取り組んでいる。）と述べている。続けて，日本での具体例として，JAXA と漁業網を販売している企業との連携について書いている。これらを踏まえて，I think all the developed countries should work on this problem together.（私は，すべての先進国がこの課題に手を取り合って取り組むべきだと思う。）と自分の主張を述べている。最後に，We should think about trash not only on the earth but also in space.（私たちは地球上だけでなく宇宙のごみのことも考えるべきだ。）と締めくくっている。

Lesson 17 補充問題 (p.145)

1

1. only I but also you are[you but also I am] invited to the party
2. order to get good seats
3. order not to be late
4. she can[will] improve her English

[解説]

1. not only ～ but also ...「～ばかりでなく…もまた」。「私だけではなくあなたもパーティーに招待されている。」
2. in order to *do*「～するために」。「私たちはよい席を確保するために早く到着した。」
3. in order not to *do*「～しないように」。「彼は遅刻しないように学校に走った。」
4. 〈so that + S + can[will, may] ～〉「Sが～できるように」。「彼女は英語を上達させられるようにオーストラリアで勉強したいと思っている。」

2

1. There are few eggs left in the fridge[refrigerator].
2. Smartphones make it possible for us to get access to the internet wherever we are.
3. The purpose of this presentation is to let all of you know about my hometown.
4. Our team is aiming to win the national debate tournament[competition].

[解説]

1. 〈There + be 動詞 + S + 現在分詞[過去分詞]〉「～している[されている] Sがある[いる]」
2. 〈make it +形容詞+ to *do*〉「～することを…にする」
3. The purpose of ～ is to *do*.「～の目的は…することである。」
4. aim to *do*「～することを目指す」

3

(例)AI has rapidly spread in the education field. Students can take lessons on the internet with videos and apps for study by PCs, tablets or smartphones. They can study anytime and anywhere they want without teachers. However, can they lead their school lives without teachers? I think the answer is “No”.

One of the purposes of school education is to learn how to communicate with classmates and to share thoughts and feelings with them. Students can’t learn these things without teachers. AI can’t understand human feelings. It can’t intervene between students when they have some trouble. They need teachers’ help in order to get along with their classmates.

In addition, as for the classes of music, art and crafts, and P.E., some particular skills can’t be taught by AI. For example, can students learn how to sing, especially how to move the tongue when singing, from AI? Can they learn how to put a proper amount of glue on a paper with fingers from AI? The answers are “No”. AI is not good enough for school education. It is hard for AI to replace teachers at school.(187語)

[訳]

AIは教育の分野で急速に広がっている。生徒たちはパソコンやタブレット，スマートフォンの学習用動画やアプリを使ってインターネット上で授業を受けることができる。好きなときに好きな場所で先生なしで勉強ができるのだ。しかし，先生なしで彼らが学校生活を送ることはできるだろうか。その答えは「いいえ」だと私は思う。

学校教育の目的の1つは，クラスメイト達と意思疎通をはかり，考えや気持ちを共有する方法を学ぶことだ。生徒たちは先生なしではこれらのことを学べない。AI は人間の感情がわからないのだ。何かトラブルがあっても，AI は生徒間の仲裁に入れない。クラスメイトと仲良く過ごすために彼らは先生の助けを必要としている。

さらに，音楽や図工，体育の授業では，特定の実技について AI から教わることはできない。例えば，歌い方，とりわけ歌うときの舌の動かし方を AI から教わることはできるだろうか。指で適量ののりをとって紙にぬる方法を AI から教わることはできるだろうか。答えは「いいえ」である。AI は学校教育において十分ではない。学校で AI が先生にとってかわることは難しい。

[解説]

第1パラグラフで，学校において AI が主体になることが可能かどうか，自分の立場を示し，第2，3パラグラフで，その理由を述べる構成になっている。

第1パラグラフでは，まず，AI の教育分野での普及の現状を述べている。続けて，「先生なしで生徒たちが学校生活を送ることはできるだろうか」との問いに対して「いいえ」と答えることで，自分の立場を示している。

第2パラグラフでは，学校で AI が主体になることは可能ではないと思う理由の1つとして，生徒たちが先生なしではクラスメイト達と意思疎通をはかり，考えや気持ちを共有することを学べないと述べている。パラグラフの最後を，They need teachers' help in order to get along with their classmates.（クラスメイトと仲良く過ごすために彼らは先生の助けを必要としている。）のように締めくくることで，AI が主体になることができない理由を強調している。

第3パラグラフでは，もう1つの理由として，音楽や図工の授業で，特定の実技について AI から教わることができないことを挙げている。音楽や図工の授業での AI から学ぶことができない具体例に続けて，AI is not good enough for school education.（AI は学校教育において十分ではない。）と述べている。そして最後に，It is hard for AI to replace teachers at school.（学校で AI が先生にとってかわることは難しい。）と結論づけることで，引き締まった文章になっている。

Lesson 18 補充問題 (p.151)

1

1. that is not affected by the sun
2. of drones that[which] can help farmers improve
3. is one example of a company that has
4. plays various roles, ranging from teenage boys to

[解説]

1. that は主格の関係代名詞。is affected は受動態。
2. that[which] は主格の関係代名詞。先行詞は drones。
3. be one example of 〜「〜の一例である」
4. range from A to B「A から B に及ぶ」。ranging は現在分詞の形容詞的用法。

2

1. Some developing countries may become more dependent on agricultural imports in the near future.
2. Japan has a lot of tourist attractions. For example, you can visit old temples and shrines in Kyoto.
3. There are five people in my family, including me.[My family has five members, including myself.]
4. Cartoon characters such as Mickey Mouse and Snoopy are still loved by people all over the world.

[解説]

1. become dependent on 〜「〜に依存するようになる」。more dependent は比較級。
2. for example「例えば」
3. including は「〜を含めて」という意味の前置詞。
4. A(,) such as B「B のような A, A 例えば B」

3

(例) These days, we can see technological changes in agriculture. As the textbook says, the temperature and the amount of fertilizer are controlled by computers in some farms. Farmers also use drones to spread fertilizer and sprinkle agricultural chemicals at farm.

I think there must be some advantages of technological development especially for dairy farming. Dairy farmers can't leave their work easily because they have to take care of their animals every day. For example, they have to milk their cows every day ; otherwise the cows' udders swell and become painful. It's definitely hard work for farmers. I think the new technology, such as milking machines, should be introduced to this field. If the machines milk the cows every day instead of farmers, it will improve the efficiency in milking the cows and allow them to have a day off whenever they like.

However, there are some disadvantages of technological agriculture. It costs too much at first to buy new machines and install new systems. It also costs a lot to maintain them. What will happen if the machines and systems all break down due to a disaster or an accident? That'll be a big problem for farmers. (195 語)

[訳]

最近，農業において技術的な変化が見られる。教科書にあるように，温度や肥料の量がコンピューターによって制御されている農場がある。農場に肥料をまいたり，農薬を散布したりするためにドローンも使われている。

私は，特に酪農において，技術的な開発のメリットがいくつかあるに違いないと思う。酪農家は毎日家畜の世話をしなければならないので簡単に仕事を離れることができない。例えば，毎日牛の乳を搾らなければならない，さもないと乳が張ってしまって痛がるのだ。間違いなくこれは農家にとって大変な仕事である。私は搾乳機のような新しい技術がこの分野に導入されるべきだと思う。もし農家の代わりに機械が毎日搾乳してくれれば，それは搾乳の効率を向上させ，いつでも好きなときに酪農家が休めるようになるだろう。

しかし，技術に頼る農業にはいくつかデメリットもある。新しい機械を買ったり，新システムを導入したりと初期費用が高すぎるのだ。それらを維持するのにもまた多くのお金がかかる。もし災害や事故で機械やシステムが全て故障してしまったらどうなるのか。それは農家にとって大きな問題となるだろう。

[解説]

第１パラグラフで，農業における科学技術の現状，第２パラグラフで，科学技術を農業に利用することのメリット，第３パラグラフで，そのデメリットについて述べる構成になっている。

第１パラグラフでは，コンピューターによる温度や肥料の量の制御や，肥料や農薬を散布するドローンについて述べられている。教科書の記述を利用することもできる。

第２パラグラフでは，I think there must be some advantages of technological development especially for dairy farming.（私は，特に酪農において，技術的な開発のメリットがいくつかあるに違いないと思う。）がトピックセンテンスである。毎日家畜の世話をしなければならない酪農家の苦労に触れた上で，I think the new technology, such as milking machines, should be introduced to this field.（私は，搾乳機のような新しい技術がこの分野に導入されるべきだと思う。）と自分の考えを示している。続けて，搾乳機によって，効率が上がり，酪農家が好きなときに休むことができるというメリットを述べている。

第３パラグラフでは，However, there are some disadvantages of technological agriculture.（しかし，技術に頼る農業にはいくつかデメリットもある。）がトピックセンテンスである。新しい機械やシステムの初期費用や維持費が高いことや故障した際に大きな問題が起こることが述べられている。

Lesson 19 補充問題 (p.161)

1

1. More and more people are working from
2. All things considered, it is the best
3. This map tells you how to get to
4. Take a look at Figure 2, which shows a sharp increase in the number of

[解説]

1. 〈more and more +名詞〉「ますます多くの～」
2. 独立分詞構文。= If[When] all things are considered, it is ～
3. 無生物主語に，tell，say，show といった動詞を続けて，情報の出所を示す。
4. take[have] a look at ～「～を見る」

2

1. According to the survey, many people spend more time on the internet than (on) watching TV.
2. The weather forecast said (that) it would rain this afternoon, but it didn't.
3. If you look at the graph, you can see (that) the birthrate is rapidly declining in this country.
4. Based on the results of several studies, it can be said that money doesn't always bring happiness.

[解説]

1. according to ～「～によれば」
2. would は時制の一致。
3. If you look at ～, you can see (that) ....「もし～を見れば，あなたは…ということがわかるだろう。」
4. based on ～「～に基づいて」

3

(例)SDGs are 17 Global Goals, which are designed to ensure that everyone can enjoy peace and prosperity by 2030 in each United Nations member state. Among 17 Goals, I'm interested in Goal 3, "Good health and well-being." This theme is to ensure healthy lives and promote well-being for all at all ages. There are two reasons why I want to make efforts to achieve Goal 3.

First, my dream is to be a doctor and help sick and injured people in the future. Now I study hard to be an international doctor to save lives all over the world.

Second, I'm interested in welfare services. I think it's important to give treatments not only to patients in hospitals but also to people who can't go there. Take a look at elderly people as an example, some of them don't have enough money to be treated, others can't move freely by themselves. It's not easy for those people to go to hospitals, so I want to deliver good medical services to them.

According to SDGs, ensuring healthy lives and promoting well-being for all the people are essential for sustainable development in our society.(192 語)

[訳]

SDGs は 17 の世界的な目標で，2030 年までに国連加盟国の誰もが平和と繁栄の享受を確実にできることを意図している。17 の目標のうち，私は 3 つ目の「すべての人に健康と福祉を」に興味がある。このテーマは，健康的な生活を確保し，すべての年齢におけるすべての人の福祉を促進することである。

私が３つ目の目標を達成するために努力したい理由は２つある。

まず，私の夢は将来医者になって病気やけがをした人々を助けることだ。世界中で命を救える国際的な医者になるために，今一生懸命に勉強している。

次に，私は福祉に興味がある。病院にいる患者だけでなく，病院に行けない人々にも治療を施すことが大切だと思っている。例として年配の方々を見ると，治療を受けるために十分なお金を持っていない方々もいるし，自分で自由に動けない人々もいる。そのような人々にとっては病院に行くことは簡単ではないので，私はよい医療サービスを彼らに届けたい。

SDGs によれば，健康的な生活を確保し，すべての人々の福祉を促進することが私たちの社会で持続可能な開発のためには欠かせないのだ。

[解説]

第１パラグラフで，SDGs のどの目標に取り組んでみたいか，第２，３パラグラフで，その理由，第４パラグラフで，まとめを述べる構成になっている。

第１パラグラフでは，まず，SDGs を説明して，次に，自分が 17 の世界的な目標のうち，３つ目の「すべての人に健康と福祉を」に興味があることを述べている。最後に，There are two reasons why I want to make efforts to achieve Goal 3. と書き，続くパラグラフで，目標を達成するために努力したいと思う２つの理由を述べることを示している。

第２パラグラフでは，１つ目の理由として，国際的な医者になるという夢について述べている。

第３パラグラフでは，福祉に興味があり，病院に行けない人々にも治療を施すことが大切だと思っていると書かれている。具体的に，十分なお金を持っていなかったり，自分で自由に動けない年配者によい医療サービスを届けたいと述べることで，最後のまとめのパラグラフにスムーズにつながっている。

Lesson 20 補充問題 (p.169)

1

1. major in psychology, or the study of the mind
2. of international students to Japan by country and region
3. there are some points that must be kept
4. participants are obliged to wear protective hard hats

[解説]

1. or は「つまり」という意味の接続詞。
2. by は「～ごとに」という意味の前置詞。
3. must be kept は〈助動詞＋受動態〉の形。
4. be obliged to *do*「～しなければならない」

2

1. The second largest country in the world is Canada, and the fourth largest country is China.
2. In my opinion, the Japanese government should make a law against throwing away food.
3. I feel it is necessary to balance studying with[and] club activities and make high school life better.
4. Without the internet, we would have to rely on phone calls, letters, and face-to-face interactions to communicate with others.

[解説]

1. 「～番目に…な」は，最上級の前に序数を置いて表す。
2. should「～すべきだ，～した方がよい」
3. I feel it is necessary to *do*.「私は～することが必要であると感じる。」
4. 仮定法過去の文。have to *do*「～しなければならない」

3

(例)The number of children who can't go to school has increased in recent years. They have various reasons for being absent from school. For example, some of them are bullied by their classmates, others feel bad when they are present at school. For these situations, there are some services.

First, there are special schools called "Free School" in Japan. Children can go there every day instead of going to school and stay there studying, reading books, playing games with friends, and so on. They are allowed to do anything they want there. I feel it is necessary that these children have a special place to stay without fear. This kind of school is important for them.

Second, there are online schools on the internet. Children can attend lessons via a screen. If they want, they can have a conversation with teachers or some students there. Of course, they can stay there without communicating with others. They are not obliged to do or not to do particular things. I think they need an environment where they can feel relaxed and comfortable. I hope there will be more schools like those. (189 語)

[訳]

学校に行けない子どもの数は近年増えている。学校を休む理由はさまざまである。例えばクラスメイトにいじめられた子もいれば，学校にいると体調が悪くなる子もいる。このような状況のためのサービスがいくつかある。

1つ目に，日本には「フリースクール」と呼ばれる特別な学校がある。子どもたちは学校に行く代わりに毎日そこに行って，勉強したり読書をしたり，友達とゲームをしたりして過ごすことができる。そこでは何でも好きなことをしていいのだ。私は，こうした子どもたちが不安なく過ごせる特別な場所があることが必要だと感じる。このような学校は彼らにとって重要なのだ。

2つ目に，インターネット上にオンラインスクールがある。子どもたちは画面上で授業に参加することができる。希望すれば，そこで先生や他の生徒たちと会話もできる。もちろん，誰ともコミュニケーションをとらずにいてもよい。彼らは特定のことをするように，もしくは，しないように義務づけられていない。私は，彼らはリラックスして快適に感じる環境を必要としていると思う。そのような学校がもっと増えるといいと願っている。

[解説]

第1パラグラフで，学校に通えない生徒が増加している現状を述べ，そのような生徒が教育を受けるための方法を，第2，3パラグラフで示す構成になっている。

第1パラグラフでは，クラスメイトにいじめられている，学校にいると体調が悪くなるなどの理由から，学校に通えない生徒が増加している現状が述べられている。

第2パラグラフでは，学校に通えない生徒が教育を受けるための1つの方法として，「フリースクール」について述べている。そこでは生徒が何でも好きなことをしてもよいことを説明して，I feel it is necessary that these children have a special place to stay without fear.（私は，こうした子どもたちが不安なく過ごせる特別な場所があることが必要だと感じる。）と，その必要性を述べている。また，パラグラフの最後を，This kind of school is important for them.（このような学校は彼らにとって重要なのだ。）と締めくくることで，フリースクールの重要性を強調している。

第3パラグラフでは，もう1つの方法として，オンラインスクールについて述べている。そこでは生徒が特定のことをするように，または，しないように義務づけられていないことを説明して，I think they need an environment where they can feel relaxed and comfortable.（私は，彼らはリラックスして快適に感じる環境を必要としていると思う。）と，その必要性を述べている。また，パラグラフの最後を，I hope there will be more schools like those.（そのような学校がもっと増えるといいと願っている。）と締めくくっている。これら最後の2文は，第2パラグラフの最後の2文と同様の内容であるが，表現を変えることでメリハリが出て，自分の言いたいことを強調することにつながっている。